Armin Himmelrath, Julia Egbers

Fake News

Ein Handbuch für Schule und Unterricht

hep der bildungsverlag

der bildungsverlag
www.hep-verlag.com

Armin Himmelrath, Julia Egbers
Fake News
Ein Handbuch für Schule und Unterricht
ISBN Print 978-3-0355-1085-0
ISBN E-Book 978-3-0355-1086-7

Bibliografische Information der Deutschen Nationalbibliothek:
Die Deutsche Nationalbibliothek verzeichnet diese Publikation
in der Deutschen Nationalbibliografie; detaillierte bibliografische
Daten sind im Internet über http://dnb.dnb.de abrufbar.

1. Auflage 2018

www.hep-verlag.com

Himmelrath, Egbers

Fake News

Inhalt

Einleitung: Fake News
Ein Fallbeispiel aus eigener Erfahrung

Wir geben es zu: Bei der Vorbereitung dieses Buchs sind wir einer Falschmeldung aufgesessen. Ja, wir selbst sind auf Fake News hereingefallen; wir haben geglaubt und glauben wollen, was so schön in unser Konzept von einem Handbuch zu Fake News gepasst hätte:

«Mehr als zwei Drittel der Jugendlichen halten Nachrichten, die sie bei Facebook lesen, für grundsätzlich seriös und glaubwürdig – Qualitätsmedien wie die Webseite von ‹Spiegel Online› dagegen schneiden schlechter ab: weniger als 30 Prozent der Teenager vertrauen diesen Plattformen bei ihrer Informationsbeschaffung. Das hat eine Studie von Wissenschaftlern aus Dresden ergeben.»

Klingt gut, oder? Das klingt sogar ein bisschen zu gut: Die Studie gibt es tatsächlich, «Mediennutzung und Medienkompetenz jugendlicher Migranten in Sachsen (JuMiS)» heißt sie und wurde unter anderem erstellt von Lutz Hagen, Professor und Geschäftsführender Direktor des Instituts für Kommunikationswissenschaften (IfK) an der TU Dresden[1]. Am 26. September 2016 stellte er diese damals schon zwei Jahre alte Untersuchung zusammen mit aktuellen Forschungsergebnissen beim Kongress des Bundesverbands Deutscher Zeitungsverleger in Berlin vor. Was allerdings nicht stimmt, ist die Berichterstattung, dass Jugendliche in Sachsen Facebook für glaubwürdiger halten als «Spiegel Online». Trotzdem machte diese Nachricht schnell die Runde, wurde in Social-Media-Kanälen genauso verbreitet wie bei seriösen Medien. So berichtete etwa Jan Böhmermann in seinem «Neo Magazin Royal» vom 29. 9. 2016[2], Facebook sei für junge Sachsen das glaubwürdigste Medium.

Das sei eine glatte «Fehlinterpretation einer Präsentationsfolie»[3], stellte Lutz Hagen kurz darauf per Pressemitteilung richtig. Die von ihm verwendeten Informationen seien «in den sozialen Netzwerken mit falscher Interpretation rasch verbreitet worden». Tatsächlich, betont der Medienwissenschaftler, würden die von ihm befragten über 2 100 Jugendlichen mit und ohne Migrationshintergrund im Fall einer widersprüchlichen Berichterstattung

– etwa zu einem Unglück, einem Anschlag oder einer Naturkatastrophe – mehrheitlich klassischen Medien Vertrauen schenken. Demgegenüber rangieren Nachrichtenangebote aus Onlinemedien «in puncto Glaubwürdigkeit sogar hinter Rundfunk und Print». Ein Befund also, der genau das Gegenteil aussagt von dem, was zuvor als vermeintliches Forschungsergebnis verbreitet wurde – und worauf auch wir zunächst hereingefallen sind.

Doch wie konnte es zu dieser Falschmeldung, zu dieser Fake News kommen? Der Wissenschaftler war in seinem Vortrag vor den Mitgliedern des BDZV der Frage nachgegangen, inwiefern Jugendliche noch über eine Kultur der Nachrichtenkompetenz verfügen – wie gut sie also in der Lage sind, Nachrichtenangebote im Hinblick auf ihre Qualität und Seriosität einzuschätzen. Diese Leitfrage steht auch über seinen Arbeiten im Rahmen des Forschungsprojekts «Vermittlung von Nachrichtenkompetenz durch die Schule», dessen Ergebnisse Lutz Hagen beim BDZV-Kongress präsentierte. Und dabei griff er unter anderem auch auf Ergebnistabellen der 2014 erschienenen JuMiS-Studie zurück. Eine der benutzten Folien wurde zum Ausgangspunkt der Falschmeldung.

Beim schnellen Blick auf die Tabelle kann möglicherweise tatsächlich der Eindruck entstehen, dass 83,3 Prozent der befragten Jugendlichen dem sozialen Netzwerk Facebook vertrauen, der ARD aber nur 31 Prozent und «Spiegel Online» sogar nur 21 Prozent. Aber: «Diese Interpretation ist falsch», sagt Lutz Hagen. Den Jugendlichen wurde nämlich die folgende Frage gestellt:

«Stell dir einmal vor, auf der Welt ist eine schlimme Naturkatastrophe passiert. Die Berichte in den Medien unterscheiden sich aber, so dass Du nicht weißt, was wirklich passiert ist. Welchem Medium würdest Du dabei am ehesten vertrauen? Du kannst maximal zwei Medien ankreuzen! Bitte notiere auch, an welchen Sender, welche Zeitung oder welche Internetseite Du dabei genau gedacht hast. Du kannst deutsche und fremdsprachige Medien nennen!»

	Alle Jugend-lichen	Ohne Migrations-hintergrund	Mit Migrations-hintergrund
Fernsehen			
ARD (Tagesschau, Tagesthemen, Brisant)	31,0	32,5	22,3
RTL (RTL aktuell, Punkt 12, Punkt 6, RTL Exklusiv)	23,5	23,4	23,6
n-tv	6,7	5,6	12,2
RTL II (RTL II News)	5,6	6,1	2,7
ZDF (heute, heute journal, hallo deutschland)	4,9	4,7	6,1
$Basis_{TV}$ (n)	963	815	148
Zeitung			
Sächsische Zeitung	31,7	32,1	28,4
Leipziger Volkszeitung	25,3	25,6	23,0
Bild Zeitung	8,6	8,2	10,8
Dresdner Morgenpost	8,2	8,0	9,5
Frankfurter Allgemeine Zeitung (FAZ)	5,2	5,4	4,1
$Basis_{Zeitung}$ (n)	597	523	74
Radio			
Energy Sachsen	23,1	22,5	27,9
MDR Jump	19,1	19,5	16,3
Radio PSR	11,4	11,1	14,0
MDR Info	7,7	7,2	11,6
Hitradio RTL	7,7	8,4	2,3
$Basis_{Radio}$ (n)	376	333	43
Onlinenachrichtenseiten			
Spiegel Online	21,0	23,4	11,9
ARD online/tagesschau.de	7,7	9,6	0,0
Sat1.de	4,3	4,2	4,8
Rtl.de	4,3	4,8	2,4
Rtl2.de	3,8	4,8	0,0
$Basis_{Onlinenachrichten}$ (n)	209	167	42
Soziale Netzwerke			
Facebook	83,3	85,4	78,4
$Basis_{Soziale\ Netzwerke}$ (n)	181	130	51

Abbildung 1: Vertrauen in die Medien konkret: TOP 5 (Offene Nennungen, in Prozent, Basis: Befragte, die die jeweilige Medienkategorie angekreuzt haben; Quelle: Hagen et. al. 2014, S. 217)

Als Antwort standen zur Verfügung:
- Gedruckte Tages- und Wochenzeitungen
- Online-Nachrichtenseiten
- Fernsehen
- Weblogs
- Soziale Netzwerke
- Nachrichtenmeldungen in Deinem Webportal
- Radio
- Den Medien vertraue ich gar nicht

Tatsächlich kreuzten nur 8,8 Prozent der sächsischen Schüler «Online-Nachrichtenseiten» als Antwort an und sogar nur 7,1 Prozent benannten «soziale Netzwerke» als vertrauenswürdigstes Medium. Innerhalb derer allerdings, die sich für diese Kategorie entschieden hatten, «war Facebook mit 83,3 Prozent das mit Abstand am häufigsten genannte Medienangebot, in der Kategorie Online-Nachrichtenseiten war dies mit 21 Prozent «Spiegel Online», sagt Lutz Hagen. Dass sich die 83,3-Prozent-Angabe bei Facebook eben nur auf die 181 Jugendlichen bezieht, die zuvor die Kategorie «soziale Netzwerke» angekreuzt hatten, ist zwar unter der Tabelle vermerkt, wurde aber bei der Fehlinterpretation der Ergebnisse – absichtlich oder unabsichtlich – übersehen. Lutz Hagen erklärt: «Die meisten Jugendlichen aus Sachsen, und zwar 36 Prozent, würden im Zweifelsfall am ehesten der Fernsehberichterstattung Glauben schenken. Am häufigsten – nämlich in jedem dritten Fall – werden dabei Angebote der ARD genannt. 20 Prozent der Befragten halten die gedruckte Tages- oder Wochenzeitung für das vertrauenswürdigste Medium.» Abbildung 2 macht diese Gewichtung deutlich.

	Alle Jugendlichen	Ohne Migrationshintergrund	Mit Migrationshintergrund
Fernsehen	35,9	35,8	36,3
Gedruckte Tageszeitung/Wochenzeitung	21,6	22,6	17,0
Radio	15,4	16,5	10,3
Onlinenachrichtenseiten	8,8	8,2	11,5
Soziale Netzwerke	7,1	6,2	11,3
Nachrichtenmeldungen im Webportal	2,1	1,9	2,9
Webblogs	1,2	1,2	1,5
Medien vertraue ich gar nicht	7,8	7,5	9,1
Basis (n; Anzahl gegebener Antworten)	3.207	2.625	582

Abbildung 2: Vertrauen in die Medien allgemein (Basis: Alle befragten Jugendlichen, in Prozent; Quelle: Hagen et al. 2014, S. 214)

Was also lernen wir aus dieser Geschichte rund um die vermeintliche Facebook-Gläubigkeit von Jugendlichen?

- Wir alle sind anfällig für Fake News – vor allem dann, wenn die vermeintliche Nachricht unsere Vorurteile, Erwartungen und Weltbilder bestätigt.
- Der Verweis auf «Studien» oder einen wissenschaftlichen Hintergrund ist kein Beleg für die Seriosität einer Nachricht.
- Die Überprüfung von Nachrichten ist mit Hilfe eines geeigneten Instrumentariums möglich, diese Recherche kostet aber Zeit – und man muss wissen, lernen und üben, wie man selbst eine solche Überprüfung vornehmen kann.
- Jugendliche haben mehrheitlich ein Bewusstsein dafür, wo seriöse Nachrichten zu finden sind – aber es ist und bleibt Aufgabe der Erziehung und damit auch des Unterrichts, diese Medien- und Nachrichtenkompetenz zu stärken und auszubauen.

Wir denken, dass dieses Beispiel gut zeigt, warum es notwendig ist, den Umgang mit Fake News und die Entwicklung von Nachrichtenkompetenz als wichtige und in unserem zunehmend digitalisierten Alltag unverzichtbare Aufgabe von Schule und Unterricht zu begreifen. Dieses Handbuch soll dafür Ideen und Anregungen liefern – auf theoretischer und unterrichtspraktischer Ebene gleichermaßen.

Köln und Oldenburg, im April 2018

Julia Egbers
Armin Himmelrath

Kapitel 1:
Hate Speech, Fake News, Hass im Netz

Zum Umgang mit einem neuen Phänomen

Was sind Fake News?

Seit Herbst 2017 hilft bei der Suche nach einer ersten Definition für den Begriff «Fake News» ein Blick in den Duden. Fake News werden dort beschrieben als «in den Medien und im Internet, besonders in den Social Media, in manipulativer Absicht verbreitete Falschmeldungen»[4]. Das ist richtig – und dennoch eine Verkürzung. Denn so einfach ist es leider nicht, weil der Begriff auf ganz unterschiedliche Art und Weise genutzt wird.

Gezielte Falschmeldungen

Da sind zunächst die in der Duden-Definition schon angesprochenen *komplett erfundenen Falschmeldungen*, die verbreitet werden, um die Meinung oder das Handeln anderer zu manipulieren oder zu beeinflussen. Dies kann aus politischen, aber auch aus ökonomischen Gründen geschehen: Spätestens, seit viele Klicks im Netz auch zu einer Beteiligung an Werbeeinnahmen führen können, ist der Erzeugen von Fake News, die von anderen geliket und weiter verbreitet werden, auch aus ökonomischer Sicht interessant. Doch es geht nicht nur um Social-Media-Reichweite: Fake News können auch für die Verbreitung in klassischen Medien konzipiert sein – mit dem Ziel, professionell arbeitende Journalisten in die Irre zu führen und zur Publikation der falschen Meldung zu verleiten.

Ein Beispiel für einen solchen Versuch, die Öffentlichkeit aus finanziellen Interessen heraus mit falschen Informationen zu füttern und deren Verbreitung anzukurbeln, ist der Fall der niederländischen Aidsforscher Henk Buck und Jaap Goudsmit. Die beiden hatten Ende der 1980er-Jahre mit ihren Forschungsergebnissen in Sachen Aids zwar solide Arbeit geleistet, der erhoffte Durchbruch in der Medikamentenentwicklung war ihnen aber nicht gelungen. Doch die Wissenschaftler waren darauf angewiesen, öffentlichkeitswirksame Ergebnisse zu präsentieren, weil sonst die Kürzung von Forschungsgeldern drohte. Henk Buck entschloss sich deshalb im April 1990 zu einer Regelverletzung. Er habe, ließ der Chemiker im Rahmen einer Fernsehsendung kurz vor der Veröffentlichung neuer Forschungsergebnisse bei «Science»[5] verlauten, ein Aids-Gegenmittel entdeckt: Aids werde auf absehbare Zeit der Vergangenheit angehören. Das war eine bewusste Lüge, eine solche Topnachricht bewirkte aber natürlich, dass sich die Medien sofort auf die Forscher stürzten und ihre angeblich erfolgreiche Arbeit in den höchsten Tönen lobten. «Von der Fachwelt gedrängt, seine Entdeckung unter Beweis zu stellen, musste er eingestehen, daß er übertrieben hatte», schildert Peter Weingart, Bielefelder Mediensoziologe, den weiteren Verlauf des Falls: «Zur Begründung erklärte er, nur mit Übertreibungen dieser Art könne man die gewünschte Aufmerksamkeit und entsprechende Unterstützung in der Öffentlichkeit erlangen»[6]. Später argumentierte Buck, er sei von Journalisten zu der Aussage provoziert worden. Im Rahmen der Affäre trat Buck von seiner Professur zurück.

Aus einem ganz anderen Kontext stammen die Fake-Aktionen der Polit-Art-Gruppe «The Yes Men»[7]. Sie haben häufig zum Ziel, falsche Nachrichten zu produzieren und in Umlauf zu bringen. Dahinter steht das politische Ziel, Fehlverhalten von Konzernen oder Einzelpersonen dadurch sichtbar zu machen, dass man diesen eine Meinung unterschiebt, die sie gar nicht vertreten – um damit in der Öffentlichkeit Irritationen auszulösen und auf diese Weise die allgemeine Aufmerksamkeit für den zu kritisierenden Sachverhalt zu verstärken. Das Verbreiten der Fake News ist dabei nur der erste Teil einer erfolgreichen Yes-Men-Aktion; die Bekanntgabe des Fakes und die anschließende Debatte über die Inhalte und den Täuschungsprozess gehören ebenso dazu.

Ein Beispiel für diese Vorgehensweise ist die Aktion vom 3. Dezember 2004, die von den Yes Men als «Dow Chemical Hack» bezeichnet wird. Dieser Tag war der 20. Jahrestag der Chemiekatastrophe im indischen Bhopal, bei der aus einer Pestizidfabrik des Chemieunternehmens Union Carbide eine Giftgaswolke austrat. Bei diesem vermutlich größten Chemieunfall der Geschichte kamen mindestens 3 800, möglicherweise aber auch bis zu 25 000 Menschen ums Leben; die Anzahl der Verletzten wird auf bis zu eine halbe Million Menschen geschätzt. Viele von ihnen erblindeten und erlitten Lähmungen, Hirnschäden, Lungenödeme und andere Verletzungen bis hin zu chronischen Leiden und Unfruchtbarkeit, und es gab zahlreiche Fehlbildungen bei Neugeborenen. Die Zahlen über die Betroffenen sind so ungenau, weil niemand weiß, wie viele Personen seinerzeit in den Elendsvierteln rund um die Chemiefabrik lebten und bei dem Unglück vergiftet wurden.

Weil Dow Chemical zwischenzeitlich Eigentümer von Union Carbide geworden war und die Entschädigung der Opfer und Hinterbliebenen mit 500 Dollar pro Person nach Meinung der Aktivisten von The Yes Men überhaupt nicht zufriedenstellend behandelte, trat an diesem Jahrestag des Unglücks der Yes Man Andy Bichlbaum als Dow-Chemical-Sprecher Jude Finisterra auf und gab der britischen BBC in dieser Rolle ein Fernsehinterview. «Ich bin sehr, sehr glücklich, heute mitteilen zu können, dass Dow erstmals die volle Verantwortung für die Katastrophe in Bhopal übernimmt», sagte der angebliche Unternehmenssprecher in dem rund fünfminütigen Gespräch[8]. Ein zwölf Milliarden Dollar schwerer Fonds sei eingerichtet worden, um die Opfer der Katastrophe «vollständig zu entschädigen» – damit werde der Gewinn aus der Firmenübernahme von Union Carbide komplett den Opfern zur Verfügung gestellt. Und der Sprecher fuhr fort: «Wir haben beschlossen, Union Carbide zu liquidieren, diesen Albtraum für die Welt, der Dow Kopfschmerzen bereitet.» Erstmalig wolle man auch die genaue chemische Zusammensetzung der Gaswolke veröffentlichen, kündigte «Jude Finisterra» an, um die Ärzte in Indien endlich bei der Behandlung der Langzeit-Opfer zu unterstützen. Außerdem werde man dafür sorgen, dass das gesamte, immer noch verseuchte Firmengelände in Bhopal saniert und entgiftet werde. In Schlips und Anzug und mit ein paar üblichen PR-Floskeln versehen, erzielte der falsche Sprecher die gewünschte Wirkung: Die BBC meldete sofort die spektakuläre Neuigkeit, dass der Chemiekonzern die volle Verantwortung für das Unglück 20 Jahre zuvor übernommen habe. «Unsere Aktionäre werden das vielleicht als Rückschlag wahrnehmen», orakelte der vermeintliche Sprecher noch. Und er sollte Recht behalten: Die Meldung führte zu einem Kursabsturz der Dow-Chemical-Aktie, der Wert des Unternehmens an der Börse ging um zwei Milliarden Dollar zurück – bevor die BBC die eigene Meldung vom Sinneswandel des Chemiekonzerns dementierte, weil sie den Fake der Yes Men schließlich doch durchschaut hatte.

Trotz der spektakulären Aktion im Jahr 2004 gelang es den Yes Men bereits ein Jahr später erneut, als Dow-Chemical-Repräsentanten aufzutreten und falsche Neuigkeiten zu verbreiten. Bei einer Bankenkonferenz in London am 28. April 2005 präsentierten zwei Aktivisten die angeblich von dem Chemiekonzern entwickelte Software namens «Acceptable Risk Calculator»[9], mit dem sich «vertretbare Risiken» bei profitorientierten Unternehmungen mit Hilfe mathematischer Verfahren ermitteln lassen sollen. Damit könnte man, so die Redner, herausfinden, an welchen Unternehmensstandorten weltweit die Bevölkerung bereit sei, ein hohes Unfallrisiko zu tragen und wie viele Tote für einen angenommenen lukrativen Gewinn X akzeptabel seien. So ließen sich die für die Firmen profitabelsten Standorte für gefährliche und risikobehaftete Produktionsverfahren finden. Die anwesenden Bankvertreter sparten anschließend nicht mit Applaus und positivem Feedback für das «neue» Instrument – und ließen sich sogar mit «Gilda, dem goldenen Skelett» fotografieren, das als angebliches Maskottchen des Programms vorgestellt wurde.

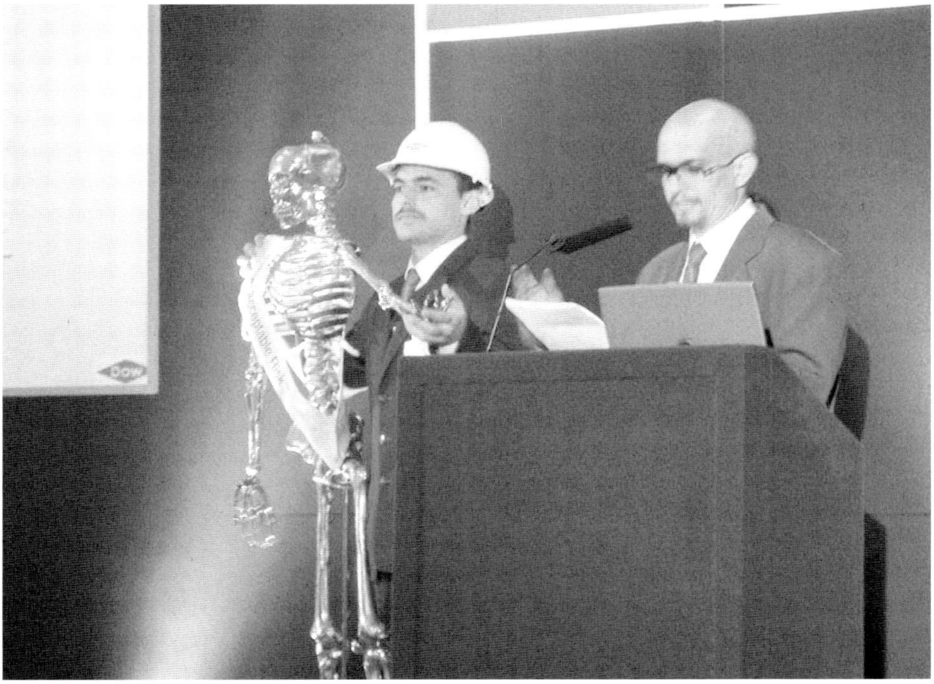

Abbildung 3: Gilda, das goldene Skelett (Quelle: https://de.wikipedia.org/wiki/The_Yes_Men#/media/File:Yesmen_gilda.jpg)

Die Fake News waren hier, anders als bei der ersten Dow-Chemical-Kritik, nicht an die breite Öffentlichkeit gerichtet, sondern wurden nur innerhalb eines kleinen Kreises von Entscheidern kommuniziert – und die Auflösung später dann natürlich auch wieder über Social-Media-Kanäle und auf der Webseite der Gruppe verbreitet.

Ganz anders wiederum, nämlich mit Blick auf eine größtmögliche öffentliche Wirkung, gingen die Yes Men am 12. September 2008 vor: Sie verteilten in Manhattan einhunderttausend Mal eine komplett gefälschte Ausgabe der New York Times[10], in der der Irakkrieg für beendet erklärt wird, die Anklage gegen den (damals noch amtierenden) US-Präsidenten George W. Bush wegen Hochverrats gemeldet wird und in der sich US-Außenministerin Condoleezza Rice öffentlich für ihre Lügen über den Irakkrieg entschuldigt.

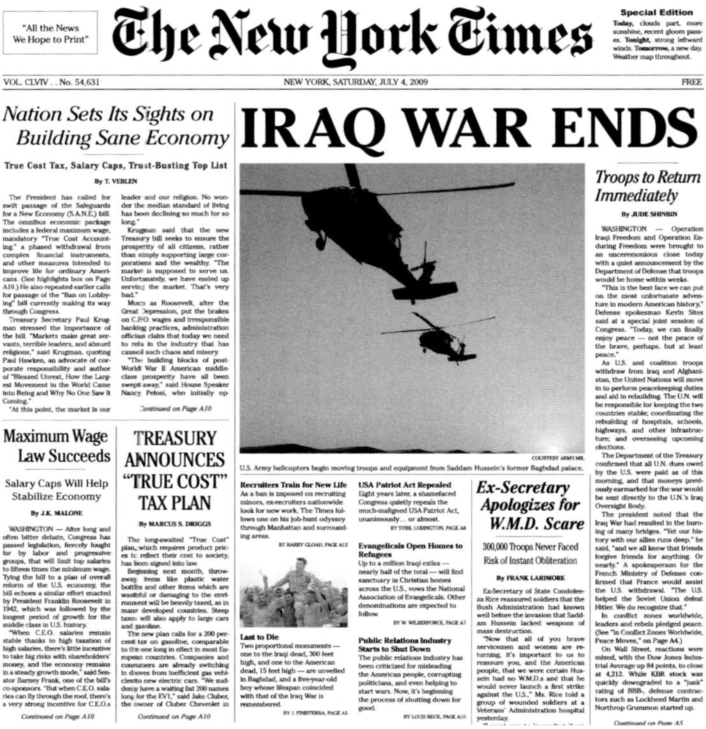

"All the News We Hope to Print"

The New York Times

Special Edition
Today, clouds part, more sunshine, recent gloom passes. Tonight, strong leftward winds. Tomorrow, a new day. Weather map throughout.

VOL. CLVIV . . No. 54,631 — NEW YORK, SATURDAY, JULY 4, 2009 — FREE

IRAQ WAR ENDS

Nation Sets Its Sights on Building Sane Economy

True Cost Tax, Salary Caps, Trust-Busting Top List

By T. VEBLEN

The President has called for swift passage of the Safeguards for a New Economy (S.A.N.E.) bill. The omnibus economic package includes a federal maximum wage, mandatory "True Cost Accounting," a phased withdrawal from complex financial instruments, and other measures intended to improve life for ordinary Americans. (See highlights box on Page A10.) He also repeated earlier calls for passage of the "Ban on Lobbying" bill currently making its way through Congress.

Treasury Secretary Paul Krugman stressed the importance of the bill. "Markets make great servants, terrible leaders, and absurd religions," said Krugman, quoting Paul Hawken, an advocate of corporate responsibility and author of "Blessed Unrest, How the Largest Movement in the World Came into Being and Why No One Saw It Coming."

"At this point, the market is our leader and our religion. No wonder the median standard of living has been declining so much for so long."

Krugman said that the new Treasury bill seeks to ensure the prosperity of all citizens, rather than simply supporting large corporations and the wealthy. "The market is supposed to serve us. Unfortunately, we have ended up serving the market. That's very bad."

Much as Roosevelt, after the Great Depression, put the brakes on C.E.O. wages and irresponsible banking practices, administration officials claim that today we need to rein in the industry that has caused such chaos and misery.

"The building blocks of post-World War II American middle-class prosperity have all been swept away," said House Speaker Nancy Pelosi, who initially op-

Continued on Page A10

Troops to Return Immediately

By JUDE SHINBIN

WASHINGTON — Operation Iraqi Freedom and Operation Enduring Freedom were brought to an unceremonious close today with a quiet announcement by the Department of Defense that troops would be home within weeks.

"This is the best face we can put on the most unfortunate adventure in modern American history," Defense spokesman Kevin Sites said at a special joint session of Congress. "Today, we can finally enjoy peace — not the peace of the brave, perhaps, but at least peace."

As U.S. and coalition troops withdraw from Iraq and Afghanistan, the United Nations will move in to perform peacekeeping duties and aid in rebuilding. The U.N. will be responsible for keeping the two countries stable; coordinating the rebuilding of hospitals, schools, highways, and other infrastructure; and overseeing upcoming elections.

The Department of the Treasury confirmed that all U.N. dues owed by the U.S. were paid as of this morning, and that moneys previously earmarked for the war would be sent directly to the U.N.'s Iraq Oversight Body.

The president noted that the Iraq War had resulted in the burning of many bridges. "Yet our history with our allies runs deep," he said, "and we all know that friends forgive friends for anything. Or nearly." A spokesperson for the French Ministry of Defense confirmed that France would assist the U.S. withdrawal. "The U.S. helped the Soviet Union defeat Hitler. We do recognize that."

In conflict zones worldwide, leaders and rebels pledged peace. (See "In Conflict Zones Worldwide, Peace Moves," on Page A4.)

On Wall Street, reactions were mixed, with the Dow Jones Industrial Average up 84 points, to close at 4,212. While KBR stock was quickly downgraded to a "junk" rating of BBB-, defense contractors such as Lockheed Martin and Northrop Grumman started up.

Continued on Page A5

COURTESY ARMY.MIL

U.S. Army helicopters begin moving troops and equipment from Saddam Hussein's former Baghdad palace.

Maximum Wage Law Succeeds

Salary Caps Will Help Stabilize Economy

By J.K. MALONE

WASHINGTON — After long and often bitter debate, Congress has passed legislation, fiercely fought for by labor and progressive groups, that will limit top salaries to fifteen times the minimum wage. Tying the bill to a plan of overall reform of the U.S. economy, the bill echoes a similar effort enacted by President Franklin Roosevelt in 1942, which was followed by the longest period of growth for the middle class in U.S. history.

"When C.E.O. salaries remain stable thanks to high taxation of high salaries, there's little incentive to take big risks with shareholders' money, and the economy remains in a steady growth mode," said Senator Barney Frank, one of the bill's co-sponsors. "But when C.E.O. salaries can fly through the roof, there's a very strong incentive for C.E.O.s

Continued on Page A10

TREASURY ANNOUNCES "TRUE COST" TAX PLAN

By MARCUS S. DRIGGS

The long-awaited "True Cost" plan, which requires product prices to reflect their cost to society, has been signed into law.

Beginning next month, throw-away items like plastic water bottles and other items which are wasteful or damaging to the environment will be heavily taxed, as in many developed countries. Steep taxes will also apply to large cars and gasoline.

The new plan calls for a 200 percent tax on gasoline, comparable to the one long in effect in most European countries. Companies and consumers are already switching in droves from inefficient gas vehicles to new electric cars. "We suddenly have a waiting list 200 names long for the EV1," said Jake Cluber, the owner of Cluber Chevrolet in

Continued on Page A10

Recruiters Train for New Life
As a ban is imposed on recruiting minors, ex-recruiters nationwide look for new work. The Times follows one on his job-hunt odyssey through Manhattan and surrounding areas.
BY BARRY GLOAD, PAGE A12

Last to Die
Two proportional monuments — one to the Iraqi dead, 300 feet high, and one to the American dead, 15 feet high — are unveiled in Baghdad, and a five-year-old boy whose lifespan coincided with that of the Iraq War is remembered.
BY J. FINISTERRA, PAGE A5

USA Patriot Act Repealed
Eight years later, a shamefaced Congress quietly repeals the much-maligned USA Patriot Act, unanimously… or almost.
BY SYBIL LUDINGTON, PAGE A8

Evangelicals Open Homes to Refugees
Up to a million Iraqi exiles — nearly half of the total — will find sanctuary in Christian homes across the U.S., vows the National Association of Evangelicals. Other denominations are expected to follow.
BY W. WILBERFORCE, PAGE A7

Public Relations Industry Starts to Shut Down
The public relations industry has been criticized for misleading the American people, corrupting politicians, and even helping to start wars. Now, it's beginning the process of shutting down for good.
BY LOUIS BECK, PAGE A10

Ex-Secretary Apologizes for W.M.D. Scare

300,000 Troops Never Faced Risk of Instant Obliteration

By FRANK LARIMORE

Ex-Secretary of State Condoleeza Rice reassured soldiers that the Bush Administration had known well before the invasion that Saddam Hussein lacked weapons of mass destruction.

"Now that all of you brave servicemen and women are returning, it's important to us to reassure you, and the American people, that we were certain Hussein had no W.M.D.s and that he would never launch a first strike against the U.S.," Ms. Rice told a group of wounded soldiers at a Veterans' Administration hospital yesterday.

Abbildung 4: Cover der falschen NYT-Ausgabe (Quelle: http://www.spiegel.de/media/media-19346.pdf)

Das Motto der Ausgabe: «All the news we hope to print». Die Yes Men wollten nach eigener Aussage zeigen, wie sie sich eine bessere, gerechtere Welt vorstellen – und dass diese guten Nachrichten grundsätzlich möglich sind. Wer die Ausgabe aufmerksam betrachtete, konnte allerdings schnell feststellen, dass es sich nicht um echte Nachrichten handeln konnte: Das Exemplar war auf den 4. Juli 2009 vordatiert. Dennoch berichteten zahlreiche seriöse Medien über die Aktion: zwar nicht über die falschen Nachrichten, aber über das ganze Projekt. Auch so erreichten die Aktivisten damit ihr Ziel: Aufmerksamkeit.

Urban Legends

Die so genannten *Urban Legends*, die Großstadtmythen, gehören ebenfalls zu den Fake News. Es handelt sich dabei um Geschichten und Erzählungen, die häufig mit vagen Herkunftsangaben verifiziert werden: «Ein Bekannter meines Bruders hat eine Geschichte erzählt, die seine Schwester selbst erlebt hat ...» Diese modernen Legenden wurden von Kulturwissenschaftlern seit den 1980er-Jahren zunächst in den USA untersucht; auch auf Deutsch erschienen dazu einige Bücher mit gesammelten Erzählungen[11]. Urban Legends verfolgen kein direktes manipulatives Ziel, sondern setzen vor allem auf die Lust am Weitererzählen und sprechen dafür häufig vorhandene Ängste, Vorurteile oder Stereotype an. So gehört die Angst vor unbekannten Situationen und dem Fremden zu einem der häufig wiederkehrenden Grundmuster bei dieser Art von Fake News. Und immer wieder schaffen es solche Meldungen und Legenden – im Englischen auch als «Hoax» bezeichnet – in die journalistischen Medien und erhalten dadurch eine erhöhte Glaubwürdigkeit und Verbreitung.

Eine dieser Großstadtlegenden ist die Geschichte des New Yorker Angestellten George Turklebaum. Der Korrektor, seit 30 Jahren in Diensten eines New Yorker Verlagshauses, starb angeblich Ende 2000 mit 51 Jahren an einem Herzinfarkt während der Arbeitszeit an seinem Schreibtisch. Erst fünf Tage später wurde er von einer Putzfrau entdeckt – was angesichts der Tatsache, dass der Verstorbene die ganze Woche über zusammen mit 23 anderen Angestellten in einem gemeinsamen Großraumbüro saß, so bemerkenswert war, dass unter anderem der Guardian, die Londoner Times und der Berliner Tagesspiegel darüber berichteten.

«Sadly, George Turklebaum didn't live to enjoy the drama of the US election. He died of a heart attack on Monday October 23 while sitting at his desk in an open-plan office he shared with 23 others in the New york publishing house where he worked for 30 years as a proofreader. He can't be accused of going out with a bang: it was not until the next Saturday that anyone noticed. ‹George was always the first guy here in the morning and the last to leave at night›, explains his boss, Elliot Wachiaski. ‹So no one found it unusual he was in the same position all that time.› May he contiue to rest in peace.»

Abbildung 5: Turklebaum-Legende (Quelle: The Guardian vom 15. 12. 2000)[12]

Eine spektakuläre Geschichte, keine Frage. Und eine, die schnell die Runde machte – schließlich sorgte sie für wohliges Gruseln angesichts der Anonymität in den modernen Großraumbüros. Wenn dann auch noch der Chef des armen Toten, Elliot Wachiaski, mit den Worten zitiert wird: «George war immer der Erste am Morgen und der Letzte am Abend. Er redete nie viel und war immer in seine Arbeit versunken. Deshalb wunderte sich niemand, dass er die ganze Zeit einfach so dasaß», dann ist klar: Daraus lässt sich etwas lernen, für jeden von uns. Diesen Bericht müssen wir unbedingt weitererzählen. Nur: Die Geschichte ist frei erfunden, einen George Turklebaum gab es in New York nicht. Das hat der Journalist Uwe Buse nachrecherchiert[13]. Er fand heraus: Turklebaums angeblich so einsamer Tod mitten unter seinen unaufmerksamen Kollegen beruhte ursprünglich auf einer Meldung der Zeitung «Weekly World News» aus den USA – und die berichtete auch schon mal ganz ernsthaft darüber, dass in der Schweiz 960 Mitglieder einer Sekte an Bord eines Ufos gebeamt worden seien. Eine Scherzmeldung also? Eine gut gemachte, allerdings frei erfundene Geschichte mit Klatsch-und-Tratsch-Potenzial? Eine gezielte Desinformation oder gar eine geplante Lügenkampagne? Das bleibt unklar. Sicher ist nur, dass ein freier Journalist in England die Story aufgriff, unter anderem an mehrere englische und südafrikanische Medien weitergab und sie von da an ihren Siegeszug durch die

Redaktionen antrat. Eine Geschichte, zu traurig und zu schön, um wahr zu sein. Aber weil sie das unspezifische Unbehagen an der anonymen Welt da draußen auf den Punkt bringt, wollten die Journalistinnen und Journalisten und ihre Leserinnen und Leser sie einfach glauben.

Zum Kosmos der modernen Großstadtlegenden gehört auch die Geschichte des Mannes, der – je nach Erzählung mal in Las Vegas, mal in Amsterdam, mal in Hongkong – auf Geschäftsreise in einem Hotel war und nach mehreren Drinks an der Hotelbar mit einer verführerischen jungen Frau ins Gespräch kam. «Das Nächste, woran sich der Mann erinnerte, war, dass er in seinem Hotelzimmer aufwachte. Er lag in seiner Badewanne, welche mit Eis gefüllt war. Auf dem Spiegel im Badezimmer stand mit Lippenstift geschrieben: ‹Wir haben eine Ihrer Nieren entnommen! Rufen Sie den Notarzt an!› Das Telefon hatte jemand in der Nähe der Wanne platziert»[14]. Angeblich habe der Telefonist in der Notrufzentrale dann gestöhnt: «Nicht schon wieder!» und sofort einen Rettungswagen vorbeigeschickt. Hintergrund sei, «dass es anscheinend einen großen Schwarzmarkt für menschliche Organe gibt». Auch hier spielt wieder die Lust am Gruseln eine entscheidende Rolle dafür, dass die gefälschte Geschichte immer wieder neu erzählt und verbreitet wird.

Ein weiteres Beispiel für eine solche Urban Legend ist die Geschichte von Katzenbabys, die in Gläser gestopft werden, um sie in eine bestimmte Form zu bringen – so genannte Bonsaikitten. Eine ganze Webseite[15] beschäftigt sich mit diesem Thema und propagiert die grausam erscheinende Vorgehensweise: Wenn junge Katzen in Glasbehälter gepresst werden und dort einige Zeit verbringen müssen, nehmen sie die Form dieser Behälter an. So sei beispielsweise die Herstellung quadratischer Tiere möglich. «Natürlich ist das völliger Blödsinn», schreibt «Spiegel Online»[16], «die Fotos von den Misshandlungen sind Fälschungen. Doch das kann den Sturm der Empörung nicht stoppen. In Tausenden Protestmails wird zum Kampf gegen Bonsaikitten aufgerufen – und die Seite auf diese Weise nur noch bekannter. Sogar das FBI ermittelt. Große US-Zeitungen berichten über den Fall.» Wenn es um Tiere geht, erst recht um Tierbabys, ist öffentliche Aufmerksamkeit garantiert. Dabei handelt es sich bei den Bonsaikitten ursprünglich um einen studentischen Scherz von

Nachwuchsakademikern am Massachusetts Institute of Technology (MIT). Die Studentinnen und Studenten erfanden einen angeblichen «Dr. Michael Wong Chang», der die Umformung der Katzen als große Neuerung verkaufte – und damit eine Fake News in die Welt setzte, die sich seit dem Jahr 2000 hartnäckig hält. Zur gleichen Kategorie gehören auch die wiederkehrenden Geschichten von Krokodilen in städtischen Abwassersystemen oder von Piranhas und Schnappschildkröten in beliebten Badeseen.

Parodien

Eine weitere Kategorie von Fake News bilden erfundene Geschichten, die als Parodie angelegt sind. Die erwähnten Bonsaikitten könnte man eventuell als solche Parodie einstufen; ganz bestimmt sind es jedoch die Nachrichten, die vom Satiremagazin «Der Postillon» verbreitet werden. In Sprachduktus und Machart ähneln sie ganz normalen Medien- und Agenturmeldungen – nur dass sie eben nicht von der Deutschen Presseagentur (dpa) stammen, sondern vom Postillon (dpo). Der kleine Unterschied im Kürzel wird im Redaktionsalltag gelegentlich übersehen – und wenn die Themen dann so nachrichtenmäßig aufgebaut sind, dass grundsätzliche Verwechslungsgefahr besteht, gelingt es den Satirikern eben immer mal wieder, ihre Fakes in die Medien zu schmuggeln. Das schaffen sie besonders dann, wenn sie die Themen so wählen, dass nicht grundsätzlich ausgeschlossen werden kann, dass sie auch wahr sein könnten. Ein Beispiel: die Nachricht vom 9. Januar 2018, dass der Paketdienstleister DHL seine Lieferungen nur noch nachts zwischen 0 und 5 Uhr zustellen will, weil dann die Empfänger mit größerer Wahrscheinlichkeit zuhause seien.[17] «Erfahrungsgemäß halten sich 50 Prozent der Empfänger tagsüber nicht in ihrer Wohnung auf, weitere 40 Prozent hören die Klingel nicht, weil sie gerade unter der Dusche stehen», wird ein angeblicher DHL-Sprecher im Text zitiert. «Und wenn dann ein gelber Zettel im Briefkasten liegt, herrscht Frust.» Beim neuen Lieferkonzept werde man selbstverständlich auch die Tatsache berücksichtigen, dass manche Menschen einen tieferen Schlaf haben: «Unsere Mitarbeiter werden angehalten, mindestens eine halbe Minute Sturm zu klingeln. Da dürfte auch der schläfrigste Online-Shopper wach werden.»

Wer genau liest, wird hier natürlich schnell die Parodie erkennen – doch durch das massenhafte Teilen in Social-Media-Netzwerken geht der Hinweis auf die ursprüngliche Quelle einer solchen Fake-Nachricht oft verloren, der Inhalt verselbstständigt sich und wird für wahr gehalten, wie die empörten Reaktionen zeigen. Und noch schwieriger wird es, wenn das kunstvolle Spiel mit Wahrheit und Lüge auf eine weitere Ebene gehoben wird. Auch das hat der Postillon durchexerziert.

Am 2. Januar 2014, einem Donnerstag, meldete die Saarbrücker Zeitung exklusiv, dass der CDU-Politiker und frühere Kanzleramtsminister Ronald Profalla in den Vorstand der Deutschen Bahn wechseln werde. Die Agentur dpa bestätigte die Meldung, zahlreiche Medien veröffentlichten den Seitenwechsel des Politikers daraufhin. In diese Situation hinein meldete auf seinen Social-Media-Kanälen auch der Postillon den Wechsel, verbunden mit dem Hinweis, man habe das schon einen Tag zuvor gewusst. Die entsprechende Meldung war auf den 1. 1. 2014 vordatiert worden – mit dem Effekt, dass nunmehr zahlreiche Leserinnen und Leser glaubten, die Saarbrücker Zeitung, dpa und alle anderen Medien seien einem Postillon-Fake zum Opfer gefallen[18]. «Ich finde es bezeichnend, wenn die sogenannten seriösen Medien für weniger glaubwürdig gehalten werden als der ‹Postillon›», sagte Postillon-Macher Stefan Sichermann kurz danach im Interview mit dem Spiegel[19]: «Vielleicht ist der ‹Postillon› im Lügen einfach besser als diese im Verbreiten von Wahrheiten.» Viele Zeitungen und Online-Seiten schrieben ungeprüft voneinander ab, kritisierte Sichermann die Medien. Das sei einer der Gründe dafür, warum Fake News so schwer zu erkennen seien und sich manchmal so schnell verbreiteten.

Hybrid-Fakes

Während solche Parodien noch als witziges und nachrichtenkritisches Medienphänomen eingestuft werden können, ist das bei so genannten *Hybrid-Fake*s, also Nachrichten mit wahrem Kern, aber gefälschtem Dreh, schon schwieriger. Bei solchen Nachrichten handle es sich häufig um «ideologisch geprägte Meldungen, die eine Kernwahrheit enthalten, die aber manipulativ oder nicht korrekt sind»[20], sagt Andre Wolf vom österreichischen Verein Mimikama, der unter anderem die Faktencheck-Webseite www.mimikama.at betreibt. «Da werden Bilder und Zitate in einen anderen Kontext gebracht, und durch Weglassung wird ein Szenario aufgebaut, das nicht stimmt», so Andre Wolf.

Typisch sei beispielsweise die Anfang 2017 in Deutschland verbreitete Nachricht, dass die Bundesregierung das Verbot von Angriffskriegen im Strafgesetzbuch gestrichen habe. Der entsprechende Paragraf war tatsächlich mit Wirkung zum 1. Januar 2017 gestrichen worden – aber er wurde, was in der Fake News nicht vorkam, durch einen neuen Passus ersetzt, der «Verbrechen der Aggression» unter Strafe stellt und sich dabei ausdrücklich auch auf Paragraf 13 des Völkerstrafgesetzbuchs bezieht. Dort heißt es: «Wer einen Angriffskrieg führt oder eine sonstige Angriffshandlung begeht, die ihrer Art, ihrer Schwere und ihrem Umfang nach eine offenkundige Verletzung der Charta der Vereinten Nationen darstellt, wird mit lebenslanger Freiheitsstrafe bestraft.» Andre Wolf: «Faktisch ist das Gesetz also nicht abgeschafft, sondern eher verschärft worden.» Der Hybrid-Fake mit dem vermeintlich abgeschafften Verbot sorgt allerdings zuverlässig für höhere Empörung und für höhere Klickzahlen als die komplette Nachricht.

Das mitlesende Publikum in die Irre zu führen, darum ging es auch bei einem Hybrid-Fake, den die AFD im Märkischen Kreis Anfang des Jahres 2018 verbreitete. Nachdem ein Jugendlicher im rheinland-pfälzischen Kandel seine 15-jährigen Ex-Freundin erstochen hatte, war im Netz schnell bekannt geworden, dass es sich bei dem mutmaßlichen Täter um einen geflüchteten Afghanen handelte. Rassistische Tweets und entsprechende Hetze waren die Folgen. Die AFD im Märkischen Kreis griff das am 1. Januar 2018 auf und postete zu diesem Thema folgenden Tweet:

Abbildung 6: Tweet AfD (Quelle: Twitter)

Erst bei genauerem Hinsehen ist erkennbar, dass der Text des SWR-Tweets nach dem Komma offenbar noch weiter geht. Und tatsächlich reagierte der Sender noch an demselben Tag mit einer Klarstellung, die gleichzeitig den Hybrid-Fake der AFD bloßstellte.

Abbildung 7: Klarstellungstweet des SWR (Quelle: Twitter)

Tatsächlich hatte der ursprüngliche Tweet des SWR deutlich mehr Informationen enthalten (s. Abbildung 8).

SWR Aktuell RP
@SWRAktuellRP

Antwort an @S_V_7136
Wir verschweigen nicht die Nationalität, wir nennen sie nur nicht, da sie bisher noch nicht relevant für die Tat ist. Bisher sind kaum Einzelheiten zur Tat bekannt, auch dass der Täter ein Flüchtling ist, steht noch nicht fest. Wir berichten weiter.

8:56 nachm. · 27. Dez. 2017

25 Retweets 85 „Gefällt mir"-Angaben

Abbildung 8: Ursprünglicher Tweet des SWR (Quelle: Twitter)

Dieses Beispiel veranschaulicht, wie leicht sich Nachrichten fälschen oder manipulieren lassen und wie schwer es für die Nutzerinnen und Nutzer sozialer Netzwerke manchmal ist, den Wahrheitsgehalt einzelner Beiträge (oder auch sinnentstellende Kürzungen) auf Anhieb zu erkennen. Der Disput zwischen SWR und AfD kann – wie alle Beispiele in diesem Kapitel – auch gut für die Unterrichtsgestaltung genutzt werden; anhand der Tweets ist eine Diskussion über den Faktenbegriff und über das journalistische Selbstverständnis der SWR-Redakteure[21] möglich.

Kampfbegriff

Eine weitere Bedeutungsebene von Fake News bringen vor allem Rechtspopulisten im deutschsprachigen Raum, aber auch US-Präsident Donald Trump immer wieder in die Debatte ein. Sie versuchen gezielt, den Begriff «Fake News» ***als abwertendes Label für missliebige Medien*** zu etablieren und deren kritische Arbeit damit zu diskreditieren. Diese Verunglimpfungen von Teilen der unabhängigen Presse haben innerhalb kurzer Zeit dazu geführt, dass Fake News und in der Folge Bezeichnungen wie «Lügenpresse» in manchen Kreisen zu einem Code geworden sind, anhand dessen sich Gleichgesinnte erkennen und ihr Missfallen über von ihnen nicht zu kontrollierende Medieninhalte ausdrücken. Beispiele dafür finden sich im Twitter-Account von Donald Trump en masse.

Donald J. Trump
@realDonaldTrump

I use Social Media not because I like to, but because it is the only way to fight a VERY dishonest and unfair "press," now often referred to as Fake News Media. Phony and non-existent "sources" are being used more often than ever. Many stories & reports a pure fiction!

11:36 nachm. · 30. Dez. 2017

53.821 Retweets **211.465** „Gefällt mir"-Angaben

Abbildung 9: Beschimpfung der Presse durch Donald Trump (Quelle: Twitter)

Donald J. Trump
@realDonaldTrump

The Fake News refuses to talk about how Big and how Strong our BASE is. They show Fake Polls just like they report Fake News. Despite only negative reporting, we are doing well - nobody is going to beat us. MAKE AMERICA GREAT AGAIN!

2:48 nachm. · 24. Dez. 2017

32.623 Retweets **139.349** „Gefällt mir"-Angaben

Abbildung 10: Beschimpfung der Presse durch Donald Trump (Quelle: Twitter)

Tatsächlich ist es den Rechtspopulisten mit der wiederholten Etikettierung regulärer journalistischer Arbeit als «Fake News» mittlerweile gelungen, die frühere Definition des Begriffs als mediale Lüge aufzuweichen und umzudeuten. Wenn Schülerinnen und Schüler zu diesem Thema arbeiten, ist es daher unausweichlich, diese Begriffsverschiebung hin zu einem nationalistisch-populistischen Kampfbegriff ebenfalls zu thematisieren.

Köder

Noch ein weiteres Phänomen wird gelegentlich als Fake News bezeichnet: *schlechter und reißerischer Journalismus*, der das Ziel hat, hohe Aufmerksamkeit zu generieren. Da eine solche gesteigerte Aufmerksamkeit im Netz in aller Regel mit höheren Werbeinnahmen einhergeht, sprechen Fachleute hier auch von «Clickbaiting», dem Erhöhen der Zugriffszahlen durch das gezielte Ködern von Klicks. Ein Beispiel dafür lieferte die Bild-Zeitung am 30. 12. 2017. Sie veröffentlichte einen Text, der erkennbar darauf abzielt, hohe Klickzahlen zu generieren – der Artikel selbst ist dann erst hinter der Bezahlschranke sichtbar.

Abbildung 11: Fake-News als Clickbait (Quelle: www.bild.de)

Keine Fake News

Nicht zur Kategorie der Fake News gehören dagegen Recherchefehler, wie sie im journalistischen Alltag immer wieder vorkommen, beispielsweise falsch zugeschriebene Zitate, die falsche Bezeichnung von Funktionen oder Ämtern oder auch Fakten, die komplett übersehen oder in ihrer Bedeutung unterschätzt werden und deshalb (zunächst) nicht in die Berichterstattung mit einfließen.

Und noch eine weitere Kategorie gilt es zu erwähnen, die ursprünglich keine Fake News darstellen sollen, sich aber in Einzelfällen dennoch dazu entwickeln können: ***(Insider-)Späße, die aus Missverständnissen heraus zu echten falschen Nachrichten mutieren.*** So gibt es etwa in der Wissenschaft eine Tradition, mit Forschungs-Fakes die Scientific Community hereinzulegen[22]. Bis heute ist es an manchen Fakultäten üblich, dass etwa in die Literaturliste einer Dissertation eine falsche, frei erfundene Literaturangabe eingearbeitet wird. «Das habe ich in meiner Doktorarbeit genauso gemacht wie alle anderen Kommilitonen», erinnert sich der frühere Bochumer Universitätssprecher Joseph König. Aufgefallen sei das seinem Professor damals nicht. König hat sich seinen Humor das ganze Berufsleben über bewahrt: Alljährlich zum ersten April foppte er als Uni-Sprecher Wissenschaft und Medien mit Presseerklärungen, in denen Nonsens-Themen aus der Bochumer Ruhr-Universität ganz ernsthaft präsentiert werden. So verbreitete er Ende der 1990er-Jahre die Nachricht über die Einführung von Fahrstuhl-Benutzungsgebühren. Wer nur ein oder zwei Stockwerke den Lift benutzen wollte, sollte zahlen, weil diese Kurzstrecken die größten Kosten im Fahrstuhlbetrieb verursachten, lautete die Begründung. Zum Selbstläufer wurde 1995 Königs Meldung von der bevorstehenden Zertifizierung der Bochumer Professoren nach der DIN ISO 9000 im Rahmen eines angeblichen «Total-Qualitäts-Management-Systems». Das renommierte Handelsblatt fiel auf den Fake herein und druckte die Meldung nach. Einzelne Universitäten erkundigten sich daraufhin in Bochum nach der angeblichen «Hochschul-Zertifizierungs-Konferenz» (HZK), weil sie ihre Professoren ebenfalls dem DIN-Test unterwerfen wollten.

Ebenfalls im wissenschaftlichen Umfeld angesiedelt ist der Fake, den jeder Medizinstudierende kennt und den sich die Herausgeber des Standardwerkes «Pschyrembel» leisten: In dem medizinischen Wörterbuch gibt es einen Eintrag über die (erfundene) Steinlaus. Der Scherz ist mittlerweile zum Selbstläufer geworden. So hielt ein Düsseldorfer Medizinprofessor, bekannt für fehlenden Humor und knochentrockene Veranstaltungen, eigens eine wissenschaftlich anmutende Vorlesung über die Steinlaus ab, ohne dabei ein einziges Mal die Miene zu verziehen. Die Studenten allerdings lagen vor Lachen auf dem Boden. Als der Verlag zwischendurch einmal in einer Neuausgabe auf den Eintrag über die Steinlaus verzichtete, hagelte es Proteste – was in der nächsten Edition umgehend zur Rückkehr des nicht existierenden Tierchens führte.

Definition

In diesem Buch sprechen wir immer dann von Fake News, wenn es um die gezielte und bewusste mediale Verbreitung von Lügen geht mit dem Ziel, bei den Rezipienten ein bestimmtes Bild zu erzeugen oder eine bestimmte Handlung anzuregen. Ein gutes und in gewisser Weise sogar witziges Beispiel dafür lieferte US-Präsident Donald Trump, als er im Oktober 2017 sagte: «The media is really, the word, one of the greatest of all terms I've come up with, is ‹fake›»[23]. Der Begriff ‹Fake›, behauptet Trump allen Ernstes, sei die bedeutendste Wortschöpfung, die er jemals vollbracht habe. Das ist blühender Unsinn, man könnte auch sagen: eine dreiste Lüge. Denn genau diese Behauptung des Präsidenten ist eine Fake News, die nach demselben Prinzip funktioniert, das Donald Trump immer wieder anwendet: Einfach etwas zu behaupten – irgendwas davon wird schon als vermeintliche Wahrheit hängenbleiben. Tatsächlich ist der Begriff ‹Fake News› schon deutlich älter – und das Phänomen der gezielten Desinformation gibt es schon sehr viel länger.

Historische Beispiele für Fake News

Dass Herrscher und Mächtige sich vorteilhaft inszenieren, ist kein neues Phänomen, sondern war schon lange vor der Existenz von Massenmedien im heutigen Sinne zu beobachten. Bei Statuen oder Bildnissen, in Berichten anderer oder in den eigenen Schriften sorgten sie dafür, dass ein möglichst positives Bild von ihnen vermittelt wurde – nötigenfalls unter Verdrehung oder Weglassung bestimmter Tatsachen. Gut zeigen lässt sich das bereits bei Caesar und seinem Buch «De bello gallico». Darin schildert sich der römische Imperator als klugen, vorausblickenden und sehr strategisch denkenden Staatsmann und Heerführer – zweifellos in der Absicht, den Lesern gegenüber ein besonders gutes Bild abzugeben. Auch die Aussage «Veni, vidi, vici» («Ich kam, ich sah, ich siegte») deutet darauf hin, dass es Caesar sehr bewusst war, wie er öffentlichkeitswirksame Statements platzierte – schließlich hatte er sich lange mit öffentlichen Auftritten und Reden und mit Rhetorik beschäftigt.

Kriegsgewinnler in Aktion

Über vormoderne Fake News berichtet auch der Historiker Christian Maiwald vom Lehrstuhl für die Geschichte der Frühen Neuzeit an der Universität zu Köln. Im Blog «zeitenblicke»[24] beschreibt er, wie im Zusammenhang mit dem Griechischen Unabhängigkeitskrieg 1821 in Europa das Machen von Meinungen, also die Beeinflussung von Stimmungen durch Veröffentlichung bestimmter Fake News, von einigen Akteuren gezielt für ihre Zwecke genutzt wurde. «Eine unter der Bevölkerung Unsicherheit erzeugende Berichterstattung im öffentlichen Diskurs hat notwendigerweise Rückwirkungen auf die politischen Entscheidungsträger und ihr Handeln auf internationaler Bühne», schreibt Maiwald – und das gelte eben auch für das restriktive Europa der Ära Metternich: «Tatsächlich war die ‹öffentliche Meinung› zu Beginn des 19. Jahrhunderts eine feste Größe in der

Politik geworden.» Zeitungen, Journalisten, Redakteure und eine wissbegierige Leserschaft seien damals «einflussreiche Akteure in ziemlich allen europäischen Staaten» gewesen – und das wiederum stellte für die Regierenden eine echte Herausforderung dar. Denn während angesicht der Aufstände in Griechenland 1821 die Unterhändler der europäischen Großmächte noch darum rangen, einen drohenden russisch-türkischen Krieg abzuwenden, veröffentlichten einige Journale bereits falsche Nachrichten vom Scheitern genau dieser Verhandlungen, so der Historiker: «‹Krieg zwischen Sultan und Zar!›, lautete die griffige wie voreilige Parole, die Europas Öffentlichkeit in Unordnung versetzte. Wie wenig hilfreich diese dubiose Praxis für die Diplomaten vor Ort gewesen sein dürfte, lässt sich leicht erahnen.» Für Christian Maiwald stellt sich die Frage, wem diese Falschnachrichten nützten – und er kommt zu einer eindeutigen Antwort: Es waren Kriegsprofiteure, die auf Gewinne durch schwankende Aktienkurse an den Börsen in London und Paris setzen. «Gefälschte Briefe und fabrizierte Bulletins (= offizielle Verlautbarungen), welche vom (vermeintlich) bereits erfolgten Kriegsausbruch Zeugnis ablegten, sowie gewiefte Tricksereien, um staatliche Handelsblockaden zu umgehen und das Aufstandsgebiet mit Getreide (und Schlimmerem) zu versorgen, waren gewinnbringende Instrumente», so Maiwald. Für die Herrschenden habe es angesichts dieser Fehlinformationen nur die Möglichkeiten gegeben, einerseits auf die diplomatische Geheimhaltung zu pochen und andererseits öffentlich den Lügen entgegenzutreten oder sie – «notfalls mit dem Rotstift», wie der Historiker anmerkt – zu unterbinden. Wobei natürlich die Zensur auch wieder eine Form der Fehlinformation ist: Sie produziert Fake News durch Wegstreichen und Verschweigen.

Der Begriff «Fake News» taucht auf

Als eigenständiger Begriff taucht «Fake News» nach Recherchen des amerikanischen Merriam-Webster-Lexikons erstmals 1890 auf[25], als die Cincinnati Commercial Tribune am 7. Januar berichtet, der Minister Brunnell habe sich über die telegrafische Verbreitung von Fake News beschwert.

Secretary Brunnell Declares:

Fake News About His People is Being Telegraphed Over the Country

Cincinnati Commercial Tribune, 7. Juni 1890

Weitere Belege für die Verwendung des Terms finden sich im selben Jahr im Kearney Daily Hub und im Folgejahr im Buffalo Commercial.

Fake News. The following is handed to us for publication: Sunday's Enterprise says that I and a companion were run over by the Neptune and thrown into the water. As can be proved by more than one, we did not so much as get our feet wet, nor were we helped into the Neptune. Clarence Collins.

The Kearney Daily Hub, 7. Juli 1890

The public taste is not really vitiated and it does not in its desire for ‹news› absolutely crave for distortions of facts and enlargements of incidents; and it certainly has no genuine appetite for ‹fake news› and ‹special fiend› decoctions such as were served up by a local syndicate a year or two ago.

The Buffalo Commercial, 2. Mai 1891

Wesentlich länger wird nach den Recherchen der Lexikonmacher bereits die Formulierung «False News», «falsche Nachrichten», in Texten verwendet. Der älteste Nachweis bezieht sich hier auf ein Buch aus der zweiten Hälfte des 16. Jahrhunderts, das 1575 erschien.

Literarische Lügen

Dabei ist das Verbreiten von gefälschten Nachrichten gar nicht auf politische Akteure beschränkt. Der französische Schriftsteller Marcel Proust, Autor unter anderem des mehrbändigen Romans «Auf der Suche nach der verlorenen Zeit», sorgte aktiv dafür, dass von ihm fabrizierte Nachrichten über seine eigenen Bücher veröffentlicht wurden: Er bezahlte für positive Rezensionen in einflussreichen Zeitungen und schrieb einige Kritiken auch gleich selbst, um sie dann gegen Bezahlung und unter falschem Namen veröffentlichen zu lassen[26]. Eingebunden in die Produktion dieser kulturellen Fake News war auch sein Verlagsleiter, dem Proust die Rezensionen zum Abtippen schickte. Im Begleitbrief dazu schreibt er, dass es auf diese Weise «keine Spur von meiner Handschrift» geben werde. Auch von «Geld, das den Besitzer wechseln wird», ist in den Briefen die Rede. Proust ließ sich die positiven Besprechungen einiges kosten: Für eine Lobeshymne auf «In Swanns Welt» zahlte er 1913 an den «Figaro» die Summe von 300 Francs, heute wären das etwa 1000 Euro. Der Text erschien auf dem Titelblatt. Und sogar 660 Francs war Proust eine weitere Rezension im «Journal des Débats» wert. Darin sparte er nicht mit Lob für sich selbst: «Ein kleines Meisterwerk» sei dem Autor da gelungen, «fast zu leuchtend für das Auge», und der Verfasser des Romans sei einfach unglaublich begnadet: «Was Herr Proust sieht und fühlt, ist völlig neuartig.»

Feindlicher Käfer im Anflug

Eine andere Fake-Nachricht wurde gleich mehrfach von ganz verschiedenen Protagonisten in die Welt gesetzt. Den Anfang machten die Deutschen im Ersten Weltkrieg, als sie den Pflanzenschädling Kartoffelkäfer zum «Franzosenkäfer» erklärten und dem Kriegsgegner vorwarfen, durch das Ausbringen der Insekten die deutsche Nahrungsmittelversorgung sabotieren zu wollen[27]. Auch im Zweiten Weltkrieg hatte der Kartoffelkäfer Konjunktur als vermeintliches Kriegsmittel des Feindes: Es seien amerikanische und britische Flieger, die den Schädling über Deutschland abgeworfen hätten, um das Volk auszuhungern, lautete die Fake-News-Kampagne der Nationalsozialisten. 1941 verteilten sie in hoher Auflage «Die Kartoffelkäfer-Fibel» an Schülerinnen und Schüler im ganzen Reich; diese mussten daraufhin tagelang die Felder durchstreifen und Käfer einsammeln. Die Bilder in der Fibel zeigen unter anderem Jungen in HJ-Uniform bei einem solchen Einsatz des Kartoffelkäfer-Abwehrdienstes (so hieß der tatsächlich) gegen den Ami-Käfer[28]. Interessanterweise warfen die Briten ihrerseits auch den Deutschen vor, Kartoffelkäfer über Großbritannien abgeworfen zu haben. Historiker haben mittlerweile gezeigt, dass die Wehrmacht tatsächlich versuchte, eine Kartoffelkäfer-Waffe zu entwickeln: 1943 ließ sie rund 14 000 Tiere züchten und aus 8 000 Metern Höhe über der Pfalz abwerfen, um zu sehen, ob die Tiere einen solchen Abwurf überleben würden. Das taten sie, doch zum ursprünglich geplanten Einsatz gegen die Kartoffelernte 1944 in England kam es trotzdem nicht mehr.

Nach dem Zweiten Weltkrieg war die politische Karriere des Kartoffelkäfers aber noch lange nicht zu Ende. Ab 1950 wurde in der DDR die Nachricht verbreitet, die Amerikaner versuchten mit abgeworfenen Käfern, die sozialistische Landwirtschaft anzugreifen. Am 16. Juni 1950 veröffentlichte das Neue Deutschland die Titelgeschichte «Gemeinsame Abwehrmaßnahmen gegen Kartoffelkäfer», der Untertitel lautete: «Außerordentliche Kommission stellt fest: USA-Flugzeuge warfen große Mengen Kartoffelkäfer ab.» Im Text folgten Einzelheiten über den «verbrecherischen Anschlag der amerikanischen kapitalistischen Kriegstreiber». Auszüge:

«Seit dem 22. Mai 1950 haben Flugzeuge, aus dem Westen kommend, über dem Gebiet der Republik Koloradokäfer abgeworfen. Die ersten außergewöhnlichen Kartoffelkäferfunde wurden am 22., 23. und 24. Mai in Sachsen festgestellt. Aus den Kreisen der Bevölkerung wurde zunächst unabhängig davon Mitteilung gemacht, daß in dieser Zeit vom 22. bis 24. Mai Flugzeuge bemerkt worden sind, die teilweise auf einer außergewöhnlichen Flugstrecke aus der amerikanischen Zone in das Gebiet der Republik einflogen. Die Kriegstreiber im amerikanischen Lager haben, den Fußspuren Hitlers und seiner japanischen Spießgesellen folgend, aus Furcht vor dem Anwachsen der Friedenskräfte und in Erkenntnis der Schwäche der eigenen Position, die Verschärfung des sogenannten ‹Kalten Krieges› auch durch Anwendung der Methoden bakteriologischer Kriegsführung aufgenommen. Der Abwurf von Koloradokäfern auf das Gebiet der Deutschen Demokratischen Republik ist dafür ein Beweis.»

Sogar der US-Botschafter in Moskau wurde in den Fall hineingezogen: Er musste bei der sowjetischen Regierung antreten, um eine Protestnote gegen den amerikanischen Käferangriff auf den Bruderstaat DDR entgegenzunehmen.

Wieder wurde eine Broschüre gedruckt, dieses Mal hieß sie «Karl Kahlfraß und sein Lieschen. Bilderbuch für große und kleine Kinder» und wurde vom Ministerium für Land- und Forstwirtschaft der DDR herausgegeben. Darin: Bilder von Jugendlichen in FDJ-Uniformen beim Kartoffelkäfer-Sammeleinsatz auf dem Feld. «In einem Klassenraum der Schule hatte man eine grüne Puppenbühne aufgebaut. Eine ganze Schulstunde lang wurde ein Puppenspiel aufgeführt. Darin ging es darum, dass vom bösen Amerikaner, das war eine Art Teufelspuppe mit Ziegenbart und einem Zylinder aus der amerikanischen Flagge, Kartoffelkäfer und seine gefrässigen Larven auf das Feld der Oma losgelassen wurden. Der tapfere Kasper kämpfte gegen sie und gewann natürlich», erinnert sich eine frühere DDR-Schülerin an das Jahr 1951[29]. «Bei mir blieb hängen, dass Amerikaner bösartig sind und dass die Streifen der amerikanischen Flagge vom Kartoffelkäfer stammen.» Und natürlich wurden die Schüler am Ende gefragt, ob sie der Oma nicht helfen wollten im Kampf gegen den bösen Ami-Käfer. Tatsächlich hatte es Ende der 1940er-, Anfang der 1950er-Jahre eine Kartoffelkäferplage in der DDR gegeben. Die Überflüge amerikanischer Maschinen von und nach Westberlin wurden dafür als Urheber angesehen – obwohl zur selben Zeit auch die Landwirtschaft im gesamten süddeutschen Raum unter einer Kartoffelkäferplage litt[30].

Ein KZ-Baumeister als Präsident?

Aus den Zeiten des Ost-West-Konflikts nach dem Zweiten Weltkrieg gibt es ebenfalls zahlreiche Beispiele von gezielten Lügen und Fehlinformationen. Ziel war hier oftmals die Verwirrung und Destabilisierung des gegnerischen Lagers. Eindrucksvoll zeigt sich das etwa an der Affäre um Heinrich Lübke. Dieser sollte 1964 als Bundespräsident wiedergewählt werden und hatte in seiner ersten Amtszeit wiederholt das Selbstbestimmungsrecht für alle Deutschen eingefordert und den Alleinvertretungsanspruch der BRD für ganz Deutschland betont. «All dies machte ihn zu einem erklärten Gegner der DDR-Führung», schreibt die

Historikerin Renate Schlief-Ehrismann[31]. Die ostdeutsche Regierung sinnt auf ein Gegenmittel und beginnt, Lübkes Rolle in der Zeit des Nationalsozialismus zu untersuchen. Die «Kompromittierung führender politischer Persönlichkeiten» sei damals erklärte Strategie der DDR-Führung gewesen, so die Historikerin. Mit Wissen des Politbüros des Zentralkomitees der SED wird ab dem Frühjahr 1964 eine gezielte Verleumdungskampagne gegen den westdeutschen Bundespräsidenten in die Wege geleitet. Und Lübkes Biografie bietet tatsächlich Angriffspunkte: Heinrich Lübke arbeitete während des Zweiten Weltkriegs als Vermessungsingenieur bei einem Berliner Architektenbüro, das unter anderem den Aufbau der Raketen-Versuchsstation in Peenemünde begleitete. Die DDR-Führung lädt zu mehreren «Internationalen Pressekonferenzen» ein und präsentiert dort Material, das Lübke nicht nur als Planer kriegswichtiger Einrichtungen, sondern auch als KZ-Architekt diskreditiert. Mit anderen Worten: Der Präsident der BRD sei eine «Schlüsselfigur der faschistischen Regierung» gewesen und mithin ein «Kriegsverbrecher».

Abbildung 12: Kampagne gegen Lübke (Quelle: Sammlung Himmelrath)

Vermeintliche Belege hat die DDR-Führung auch: «Als Beweis legt sie Bauzeichnungen vor, sämtlich von Lübke unterschrieben beziehungsweise paraphiert», schreibt Renate Schlief-Ehrismann. Insgesamt handelt es sich um zehn Blätter mit Bauzeichnungen, zusammengefasst in einer Akte mit dem Titel «Vorentwurf zur Erstellung eines KZ-Lagers für 2 000 Häftlinge der Fa. KALAG bei Schaft VI in Neu-Staßfurt». Das Material sollte beweisen, dass Lübke «seit Mai 1944 das Konzentrationslager in Neu-Staßfurt entworfen, errichtet und 500 französische Häftlinge aus dem KZ Buchenwald als Arbeiter für den Bau ‹angefordert› habe, von denen hundert dort umgekommen sind», so die Historikerin. Das Bild des KZ-Baumeisters ist damit geprägt und sickert in den kommenden Jahren ins kollektive Gedächtnis Westdeutschlands ein – Lübke bleibt allerdings trotzdem im Amt.

Erst 1992 wird bestätigt, was Lübke schon immer gesagt hatte und was ihm seine Kritiker nicht hatten glauben wollen: Drei Jahre nach dem Mauerfall gestehen zwei frühere Stasi-Mitarbeiter, dass sie die Lübke-KZ-Baupläne sorgfältig gefälscht hatten. «Lübkes Unterschriften beziehungsweise Paraphen auf den Barackenzeichnungen und Lichtpausen von Bauzeichnungen sind vermutlich echt, die Deck- und Titelblätter und damit die Zuordnung zum KZ-Bau jedoch gefälscht. Mehrere Gutachter haben die Unterschriften geprüft, die Deck- und Vorsatzblätter jedoch nicht», benennt Renate Schlief-Ehrismann die Gründe, warum die Fake-News-Affäre Lübke aus Sicht der Initiatoren so erfolgreich sein konnte.

Das erfundene Mittelalter

Gibt es in der Geschichte der Menschheit und der Erde eine Zeit, die nie existiert hat? Rund 300 Jahre, die von irgendwelchen finsteren Mächten erfunden und einfach in die Menschheitsgeschichte eingefügt wurden? Ja, sagt der Publizist Herbert Illig, der sich selbst als «Chronologiekritiker» bezeichnet. Er vertritt seit den frühen 1990er-Jahren die These, dass es ein «erfundenes Mittelalter» gegeben habe: eine Phantomzeit[32], erfunden bei einer Verschwörung von Papst, römischem und byzantinischem Kaiser um das Jahr 1 000 herum. Das Fränkische Reich, vor allem aber Karl der Große hätten nie existiert. In Wirklichkeit sei auf das Jahr 614 direkt das Jahr 911 gefolgt. Als Belege dafür werden von Illig und seinen Mitstreitern jahrhundertelange Fehler in der kalendarischen Zählung, vermeintlich flächendeckende Fälschungen in rund 7 000 dem fraglichen Zeitraum zugeordneten Schriftstücken sowie angeblich fehlende archäologische Funde genannt.

Obwohl die Behauptung völlig abstrus klingt, haben sich zahlreiche Historiker sowie Mediävisten mit ihr beschäftigt und sie mehrfach widerlegt[33] – was die Anhänger der Phantomzeit-These nicht davon abhält, weiter an eine große Verschwörung zu glauben, mit der uns allen eine falsche Chronologie des Mittelalters vorgegaukelt werden soll. Mittlerweile habe sich, konstatierte der Berliner Historiker Michael Borgolte bereits 1999 in einem Interview[34], um die Phantomzeit und ihren Erfinder «eine pseudoreligiöse Gemeinde» gebildet: «Ich denke, nun ist es Zeit, über ihn zu schweigen.»

Was sich in redaktionell betreuten Medien möglicherweise noch relativ leicht umsetzen lässt, ist in unseren digitalen Zeiten jedoch unmöglich: Die zahlreichen Kommunikationsplattformen im Internet bieten den Verschwörungstheoretikern unbegrenzte Möglichkeiten, ihre Thesen weiterzuverbreiten und dafür immer wieder neue Anhänger zu akquirieren.

Nächtliche Gokart-Rennen in Zürich

Im Sommer 2016 tauchte bei Facebook ein spektakuläres Video auf: Eine Gokart-Gruppe namens «MD40 – Wilder Werner» postete Aufnahmen von nächtlichen Fahrten an einem steilen Berg in Zürich. Die Fahrer, ausgestattet mit Helmen, waren dabei so schnell unterwegs, dass sie sogar an einer stationären Radaranlage den Messblitz auslösten, wie das Video zeigt. Nach dem Rennen ließen sie sich mithilfe eines Seils von einer Straßenbahn den Berg wieder hochziehen, um zur nächsten Abfahrt zu starten. Nicht nur Medien in der Schweiz, sondern auch internationale berichteten über die rasenden Schweizer[35]. Sowohl die Polizei als auch die Verkehrsbetriebe Zürich äußerten sich ausgesprochen kritisch zu den Gokart-Rennen: Hier liege eine Gefährdung des Straßenverkehrs vor, eine Anzeige wurde angekündigt. Wilder Werner konterte daraufhin mit einer Einladung: Im Netz wurde dazu aufgerufen, sich am nächsten Rennen der Gruppe zu beteiligen. Mehrere hundert Gokart-Fahrer kündigten ihre Teilnahme an – bevor das Ganze abgesagt und als Bachelor-Projekt zweier Studenten an der Zürcher Hochschule der Künste (ZHDK) geoutet wurde: Michael Schwendinger und Alun Meyerhans hatten gezielt einen Fake konstruiert.

Die beiden ZHDK-Studenten wollten in ihrer Abschlussarbeit für den Studiengang Cast/Audiovisuelle Medien zeigen, wie eine erfundene Geschichte zum viralen Hit gemacht werden kann. In einem Video[36] haben sie ihr Vorgehen für die Fallstudie dokumentiert: Die so spontan wirkenden Filmaufnahmen wurden über Wochen hinweg sorgfältig inszeniert, von «zufälligen» Leser-Videoaufnahmen und falschen Facebook-Profilen bis hin zu vermeintlich spontanen Anrufen in Redaktionen wurde das gesamte Vorgehen penibel orchestriert. Ihr Ziel, einen urbanen Mythos zu kreieren und medial zu verbreiten, haben Schwendinger und Meyerhans erreicht: «Das Phänomen Fomo steht in unserer Arbeit im Zentrum», sagt Alun Meyerhans[37], «Fomo ist eine Abkürzung für Fear of Missing Out, also die Angst, Happenings zu verpassen – das neue Pop-up-Restaurant, die Vernissage, die beste Party, die coolste Gästeliste.» Oder eben das neueste illegale Gokart-Event. Das Fake-Projekt der beiden Kunststudenten wurde im Anschluss mit mehreren Preisen ausgezeichnet – und damit selbst zu einer Art Mythos.

Nachrichten aus Putins Reich

Nicht erst seit dem «Fall Lisa»[38] ist bekannt, dass staatsnahe russische Medien mit gezielten Fake News versuchen, Einfluss auf die europäische Öffentlichkeit zu nehmen. Damals, im Januar 2016, war eine 13-Jährige in Berlin, deren Familie ursprünglich aus Russland stammte, für einige Tage von zuhause abgehauen, um Zeit mit ihrem älteren Freund zu verbringen. Russische Medien machten daraus eine Kampagne gegen Geflüchtete: Migranten hätten das Mädchen entführt und 30 Stunden lang vergewaltigt, die deutsche Polizei vertusche den Vorfall und bedrohe das Opfer und die Eltern, hieß es in den Berichten. Eine Lügengeschichte – aber eine, die zeigt, wie leicht sich mit solchen Lügen Demonstrationen und Volkszorn entfachen lassen. In den sozialen Medien jedenfalls hält sich bei etlichen Leserinnen und Lesern bis heute die Meinung, dass die fremdenfeindlichen und hetzerischen Schauergeschichten über den Fall Lisa wahr sind.

Auch bei den Wahlen in den USA (2016) sowie in Frankreich und Deutschland (2017) gab es, wie wir heute wissen, massive Versuche russischer Einflussnahme. Das zog zum Teil – etwa in den USA – auch umfangreiche juristische Ermittlungen nach sich, die zum Zeitpunkt der Entstehung dieses Buchs noch längst nicht abgeschlossen waren.

Der erfolgreichste Facebook-Artikel des russischen Auslandsmediums «RT Deutsch» im Jahr 2017 war indes kein vordergründig politischer Text, sondern eine Nachricht aus der Medizin, wie Karsten Schmehl, Redakteur beim Webportal «BuzzFeed», recherchiert hat[39]. «Russland entwickelt Heilmittel gegen alle Krebsarten»[40] war er überschrieben und stellte die Behauptung auf, das neue Medikament werde zukünftig «alle Arten von Krebserkrankungen heilen können». Bei Tierversuchen habe die Anwendung des Präparats «in den meisten Fällen zu einer vollständigen Genesung sogar in Endstadien geführt», wird einer der beteiligten Forscher zitiert. Davon abgesehen, dass diese Behauptungen aus wissenschaftlich-medizinischer Sicht zumindest äußerst fragwürdig sind, ist vor allem die Diskussion auf der Facebook-Seite von RT Deutsch interessant. Dort wird von etlichen Diskutanten die Wahrhaftigkeit der Meldung überhaupt nicht in Zweifel gezogen. Stattdessen werden Widersprüche zu aktuellen wissenschaftlichen Erkenntnissen damit erklärt, dass es sich um eine Verschwörung von westlichen Pharmafirmen handle, die – weil sie um ihre lukrativen Geschäfte mit nicht oder nicht so gut funktionierenden Krebsmitteln fürchten – die Entwicklung des neuen Medikaments aus Russland aktiv behindern und sabotieren. Fake News gehen in diesem Fall Hand in Hand mit einer eindeutigen Verschwörungstheorie.

Fakes im Wissenschaftsbetrieb

Damit sind wir bei einer besonderen Spielart der Fake News: den falschen Nachrichten im Wissenschaftsbetrieb. Wissenschaftlerinnen und Wissenschaftlern wird in der öffentlichen und privaten Debatte gemeinhin eine besonders hohe Kompetenz für ihr Fach- oder Themengebiet zugestanden. Deshalb gelten die Ergebnisse wissenschaftlicher Studien und Untersuchungen als ausgesprochen schlagkräftige Argumente in Debatten. Kein Wunder also, dass der Verweis auf Forscher, die etwas herausgefunden haben, in argumentativen Auseinandersetzungen gerne genutzt wird – doch was, wenn diese Forscher selbst zu den Produzenten von Lügen und Fake News gehören? Wissenschafts-Fakes gibt es schon sehr lange, und selbst bekannte

Forscher der Vergangenheit waren Betrüger, die Lügen in die Welt gesetzt haben. Albert Einstein gehörte nicht dazu – aber er spielt in einem großen Fall von Wissenschaftsbetrug in den 1920er-Jahren eine wichtige Rolle.

Der Fall des Physikers Emil Rupp

Im Frühjahr 1926 hatte Nobelpreisträger Albert Einstein in einem Fachartikel neue Überlegungen zur Beschaffenheit von Lichtstrahlen veröffentlicht. Mit dem Thema hatte er sich bereits seit mehreren Jahren befasst, er wollte verstehen, ob Lichtstrahlen wellen- oder teilchenartig sind. Wie bewegen sie sich fort? Einstein hatte dazu zwei ziemlich komplizierte Experimente erdacht und ihren Aufbau und Verlauf beschrieben. Es ging um den Welle-Teilchen-Dualismus, also um die erstaunliche Tatsache, dass einem Objekt der Quantenphysik gleichzeitig die Eigenschaften klassischer Teilchen und klassischer Wellen zugeschrieben werden können. Beides scheint sich zu widersprechen, und tatsächlich tritt, je nach Messung, die man durchführt, nur die eine oder die andere Eigenschaft in Erscheinung, aber nie zeigen sich beide Eigenschaften gleichzeitig.

Einstein hatte also diese beiden Versuchsanordnungen erdacht und beschrieben. Doch die komplizierten Versuche selbst durchzuführen, das traute sich der Nobelpreisträger dann doch nicht zu. Er war schließlich theoretischer Physiker; die Durchführung der Versuche wollte er deshalb lieber anderen, praktisch arbeitenden Wissenschaftlern überlassen, die sich auf solche Experimente spezialisiert hatten. Das war (und ist bis heute) eine durchaus übliche Arbeitsteilung. Und eine, die bald Erfolge zeigte: Schon ein paar Wochen später veröffentlichte Emil Rupp seine Habilitationsschrift «Interferenzuntersuchungen an Kanalstrahlen». Rupp war bis dahin als Physiker ziemlich unbekannt, aber jetzt sorgte er für Aufmerksamkeit: In seiner Arbeit beschrieb er detailreich die Durchführung eines der beiden von Einstein ausgedachten Experimente – und zwar exakt mit den Ergebnissen, die sein berühmter Fachkollege vorausgesagt hatte. Und Albert Einstein war davon so beeindruckt, dass er Rupps Ergebnisse am 21. Oktober 1926 in einem Bericht vor der Preußischen Akademie der Wissenschaften als «Beweise» zitierte.

Was Einstein jedoch nicht wusste: Rupps Ergebnisse waren komplett gefälscht und frei erfunden, das angebliche Experiment hatte der junge Physiker überhaupt nicht durchgeführt. Doch obwohl andere Forscher von Anfang an skeptisch reagierten, sollte es noch neun Jahre dauern, bis Rupp als Wissenschaftsbetrüger enttarnt wurde. Bis dahin schaffte er es immer wieder, die Wissenschaftsgemeinde hinzuhalten und mit immer neuen vermeintlichen Beweisen und Ausreden zu täuschen. Das gelang ihm aus mehreren Gründen – die, nebenbei bemerkt, auch auf erfolgreiche heutige Fake News aus den Wissenschaften übertragen werden können:

- Spezialwissen: Rupp bewegte sich thematisch an der äußersten Grenze des bis dahin existierenden Wissens. Von daher gab es nur wenige Wissenschaftler, die fachlich genau verstanden, worum es ging.
- Hohe Erwartungen: Die Erwartungen der Fachkollegen von Emil Rupp waren hoch, schließlich ging es um theoretische Voraussagen eines Physik-Nobelpreisträgers. Rupps Ergebnisse anzuzweifeln hätte bedeutet, auch Einsteins Vorhersage in Frage zu stellen.
- Gier nach Sensationen: Immer dann, wenn eine der angeblichen Erfolgsmeldungen von Rupp aufzufliegen drohte, legte er neue Beweise und noch spektakulärere Ergebnisse nach. Damit bediente er virtuos die Mechanismen des Wissenschaftsbetriebs und nutzte die Hoffnungen auf bahnbrechende Erkenntnisse immer wieder aufs Neue aus.

Dabei wurde schon im Herbst 1926, unmittelbar nach der Veröffentlichung, von Rupps gelegentlich unseriösem Verhalten geraunt. Und nicht wenige Zeitgenossen fragten sich, wie ein zwar promovierter, aber eben doch nicht an einer Universität untergekommener Physiker die enormen Herausforderungen des Einstein'schen Lichtwellen-Experiments bewältigt haben wollte. Schließlich war Rupp nur im Berliner AEG-Forschungslabor angestellt und konnte seine bahnbrechende Grundlagenforschung auch nur dort, neben seiner Alltagsarbeit im Reinickendorfer Labor, durchführen. Konnte es also womöglich sein, dass man einem Blender und Scharlatan aufgesessen war?

Das sei nicht zu beweisen, argumentierten andere Physiker. Schließlich sei der junge Mann bekanntermaßen ehrgeizig, hatte in Göttingen und Heidelberg beim Nobelpreisträger Philipp Lenard studiert und dort auch mit Auszeichnung («summa cum laude») seine Promotion abgeschlossen. Da sei es vielleicht unwahrscheinlich, aber eben auch nicht ganz unmöglich, dass ausgerechnet dieser Jungphysiker einen solchen wissenschaftlichen Durchbruch habe erzielen können.

Rupp flog letztlich dadurch auf, dass andere Wissenschaftler seine Fake News durch beharrliches Nachfragen, Experimentieren und Ausprobieren ans Tageslicht brachten. Weil die Zweifel an Rupps Verwirklichung des Einstein-Experiments nicht verstummten, beauftragte der Münchener Professor Wilhelm Wien, ein weiterer Physik-Nobelpreisträger, seine Mitarbeiter Walter Gerlach und Eduard Rüchardt damit, das Rupp-Experiment zu wiederholen. Vier Jahre lang probierten sie herum, bewältigten immer neue technische Schwierigkeiten, setzen auf allerneueste Versuchstechnik – und gaben schließlich frustriert auf. «Undurchführbar» sei Einsteins Versuchsanordnung, schrieben die beiden hochqualifizierten Wissenschaftler in ihrem vernichtenden Fazit. Die Ergebnisse von Emil Rupp seien damit «wertlos», weil sie nicht wiederholt und damit auch nicht bewiesen werden konnten.

Nachdem der Fall in der Öffentlichkeit hohe Wellen geschlagen hatte, konterte Rupp mit der Veröffentlichung von Fotos, die den Versuchsaufbau zeigten und die das Auftreten von Interferenz-Phänomenen in seinen Versuchen belegen sollten. Anlass für die Münchner Rupp-Kritiker, das Experiment noch einmal nachzustellen. «Dabei machten sie eine sehr überraschende Entdeckung», schreibt der Biologe und Wissenschaftshistoriker Heinrich Zankl[41]: «Sie konnten feststellen, dass Einstein bei der Darstellung der Versuchsanordnung ein kleiner Fehler unterlaufen war.» Allerdings: ein folgenschwerer und in diesem Fall auch beweiskräftiger Fehler. Denn der berühmte Physiker hatte in seiner Versuchsbeschreibung versehentlich einen Spiegel falsch herum angeordnet – und Emil Rupp behauptete, sich genau an diesen falschen Aufbau gehalten und trotzdem die erwarteten Ergebnisse erzielt zu haben. Das war schlicht unmöglich, und damit war klar: Rupp war ein Lügner.

Der Betrüger setzte daraufhin einen spektakulären Schlusspunkt unter die Affäre: In einem Brief an die «Zeitschrift für Physik» gestand Rupp nicht nur den Wissenschaftsbetrug und zog auf einen Schlag fünf wissenschaftliche Artikel zurück, sondern legte für sein Verhalten auch eine ausgesprochen originelle Erklärung vor. Ein Gutachten des Berliner Psychiaters Victor Emil Freiherr von Gebsattel bescheinigte Emil Rupp nämlich einen «mit psychogenen Dämmerzuständen verbundenen seelischen Schwächezustand». Und der habe kuriose Folgen gehabt, so der Mediziner in seiner Expertise: «Während dieser Erkrankung und durch sie bestimmt, hat er, ohne sich dessen bewußt zu sein, Mitteilungen über physikalische Phänomene veröffentlicht, die den Charakter von ‹Fiktionen› an sich tragen. Es handelt sich um den Einbruch von traumartigen Zuständen in das Gebiet seiner Forschertätigkeit.» Wenn diese Ausrede am Ende nicht auch ein Fake ist …

Geklaute Sterne, gefühlte Ergebnisse und erfundene Kometen
Der Fall Rupp war keine Randerscheinung des wissenschaftsbegeisterten 20. Jahrhunderts. Wissenschaftsbetrüger hat es zu allen Zeiten gegeben. Einer der frühestens bekannten Fälle ereignete sich um 150 n. Chr.: Der Astronom, Mathematiker und Geograf Ptolemäus verbreitete seinen «Sternenkatalog» – und bediente sich dabei ungeniert und ohne Quellennennung aus früheren Werken des Griechen Hipparchos von Nicäa. Erst 1984 (!) wurde dieses Plagiat zweifelsfrei nachgewiesen.

Auch Galileo Galilei arbeitete mit Fakes, die sich hinterher allerdings als richtig herausstellten: Um 1590 verbreitet Galilei die schöne Geschichte, er habe das Fallgesetz mit Holz- und Metallkugeln am Schiefen Turm von Pisa überprüft. Doch rein experimentell kann Galilei die unterschiedlichen Fallgeschwindigkeiten verschieden schwerer Kugeln gar nicht nachweisen, ihm fehlt das technische Instrumentarium dafür. Er verlässt sich schlicht auf seine Intuition – und liegt damit sogar richtig. Mindestens genauso prominent ist Isaac Newton, der um 1700 herum die Schallgeschwindigkeit erforscht. Als die von ihm errechneten Werte nicht mit den tatsächlichen Ergebnissen übereinstimmen, schiebt er diese Abweichung einfach auf die Luftfeuchtigkeit und erklärt sein Experiment trotzdem für geglückt.

Und ein gutes Jahrhundert vor dem Fall Rupp erschien in den «Astronomischen Nachrichten», herausgegeben 1823 in Altona, ein mit spürbarer Empörung geschriebener Artikel[42] des Bremer Astronomen und Mediziners Heinrich Wilhelm Matthias Olbers. «Willkürliche und absichtliche Erdichtung einer Thatsache ist überhaupt, und besonders auch in der gelehrten Welt ein ebenso schädliches, als schändliches Vergehn: aber ganz vorzüglich ist es bey einem Astronomen zu verabscheuen, wenn dieser Beobachtungen erdichtet, die nie gemacht worden sind», wütet Olbers in seinem Text. Dafür gab es einen aktuellen Anlass: Olbers schimpft über seinen französischen Kollegen Chevalier D'Angos. «D'Angos hat sich wirklich erfrecht, Beobachtungen eines angeblich von ihm entdeckten Cometen, den er noch nie gesehen hat, zu erdichten.» Weiter heißt es in dem Artikel, man «möchte gern zur Ehre der Astronomie hoffen, daß dieses Beyspiel, wenn es nicht einzig in seiner Art ist, wenigstens höchst selten seyn werde. Aber leider! kann man sich dieser beruhigenden Hoffnung nicht überlassen.» Tatsächlich hatte D'Angos 1784 einen Himmelskörper und seine exakte Flugbahn frei erfunden und mit dessen Beschreibung jahrelang die Öffentlichkeit genarrt. Er hoffte, auf diese Weise die Anerkennung seiner Astronomiekollegen zu erhalten. Denn damals wie heute ist die positive Rezeption der eigenen Forschungsergebnisse und die damit verbundene Aufmerksamkeit eine der wichtigsten Währungen im Wissenschaftsbetrieb.

Der Fall Hermann/Brach

1997 wird mit dem Fall Herrmann/Brach einer der spektakulärsten Fälle von Forschungsbetrug in Deutschland bekannt[43]. In einer Arbeitsgruppe um die renommierten Krebsforscher Friedhelm Herrmann und Marion Brach waren mindestens rund 100 wissenschaftliche Veröffentlichungen gefälscht worden: mal als Plagiat und mal als reine Erfindung von Forschungsergebnissen, mal per Bildbearbeitung am Computer und mal durch Datenmanipulation. Herrmann verliert seinen Lehrstuhl, Marion Brach geht ins Ausland.

Im Wissenschaftsbetrieb setzt damals erstmals überhaupt eine Diskussion darüber ein, welche grundlegenden Strukturprobleme einen Skandal solchen Ausmaßes überhaupt ermöglicht haben. Vieles davon hat mit medialer Öffentlichkeit zu tun und lässt sich auch auf politisch intendierte Fake News übertragen. So wird im Laufe der Diskussion deutlich:

- dass es einen irrwitzigen Wettbewerb um Forschungsgelder gibt: Wenn es um Hunderttausende oder gar Millionen geht, von denen die weitere Arbeit, der Fortbestand des Labors oder die Existenz der Forschungsgruppe abhängt, und diese Forschungsmillionen dann auch noch in einem Wettbewerbsverfahren vergeben werden, ist es kaum verwunderlich, dass dadurch der Anreiz steigt, auch unlautere Mittel einzusetzen, um den Zuschlag zu erhalten.
- dass es in der Öffentlichkeit eine unerbittliche Fixierung auf den Schnellsten gibt: Oft arbeiten mehrere Forschergruppen gleichzeitig an einer wissenschaftlichen Fragestellung. Beim Rennen um die schnellste, prestigeträchtigste Veröffentlichung stehen sie untereinander in scharfer Konkurrenz, denn nur dem Ersten winken Lob und Anerkennung. Wer lediglich bereits bekannte Ergebnisse bestätigt, erhält allenfalls ein Schulterklopfen.
- dass es eine verhängnisvolle Unübersichtlichkeit der Wissenschaft gibt: Weil die einzelnen Fächer immer weiter spezialisiert und ausdifferenziert werden, fällt es selbst Expertinnen und Experten zunehmend schwer zu verstehen, was im Labor nebenan eigentlich genau passiert.

Der «Krötenküsser» Paul Kammerer

Paul Kammerer war ein österreichischer Biologe. Er beschäftigte sich zu Beginn des 20. Jahrhunderts mit der Vererbung erworbener Eigenschaften und wollte diesen Mechanismus nachweisen. Dazu züchtete er Geburtshelferkröten und setzte sie verschiedenen Experimenten aus. Seine Befunde zeigten, dass die Kröten unter bestimmten äußeren Bedingungen Haftschwielen an den Fingerinnenseiten entwickeln – und diese dann auch an die nachfolgenden Generationen weitergeben. Das war damals ein spektakuläres Ergebnis, mit dem Paul Kammerer weltweit Aufmerksamkeit erregte und das er bei Vorträgen in zahlreichen Ländern präsentierte.

1926 jedoch erschien ein «Nature»-Artikel, in dem nachgewiesen wurde, dass die angeblichen Hornhautschwielen der Kröten aus schwarzer Tinte bestanden, die unter die Haut der Tiere gespritzt worden war. Paul Kammerer bestritt eine Fälschung, sprach von einer Intrige – und nahm sich Ende 1926 das Leben. Bis heute ist ungeklärt, ob Kammerer wirklich ein Wissenschaftsbetrüger war oder ob einer seiner Mitarbeiter hinter der Fälschung steckte.

Abbildung 13: Paul Kammerer
(Quelle: https://commons.wikimedia.org/wiki/File%3APaul_Kammerer.jpg)

Weitere Fälle wissenschaftlicher Fake News

Es gibt zahlreiche weitere, gut dokumentierte Fälle von Wissenschaftsbetrug und Forschungs-Fakes, die sich zur Aufarbeitung im Unterricht eignen. Sie alle führen deutlich vor Augen, dass gegenüber jeglichen Nachrichten – egal, aus welcher Quelle sie zunächst stammen oder zu stammen scheinen – zunächst eine gesunde Skepsis angebracht ist. Eine Auswahl:

- Gefälschte Embryobilder: 1866 stellt Ernst Haeckel sein «biogenetisches Grundgesetz» vor. Damit die von ihm beschriebenen Entwicklungen nachvollziehbar werden, retuschiert und fälscht er seine Abbildungen von Embryos in erheblichem Ausmaß: Er vergrößert oder verkleinert Köpfe nach Bedarf, fügt Körperteile hinzu oder lässt sie ganz weg oder kombiniert in seinen Abbildungen menschliche und tierische Embryos. Als die Fälschung auffliegt, verteidigt sich Haeckel dahingehend, dass das Auffüllen von Lücken «allgemeiner wissenschaftlicher Brauch» sei.
- Gefälschtes Alter von Knochen: 1912 wurden in einer Kiesgrube beim englischen Örtchen Piltdown Schädelfragmente gefunden. Der Entdecker Charles Dawson und seine Mitstreiter sind überzeugt, den sagenumwobenen Missing Link, das Verbindungsglied zwischen Mensch und Affe, gefunden zu haben. Der Fund geht als Eoanthropus dawsoni in die wissenschaftliche Literatur ein; erst 1953 weisen Mitarbeiter des Britischen Museums in London nach, dass es sich um eine Fälschung handelt.
- Gefälschte Versuchsresultate: 1923 erhielt der amerikanische Physiker Robert Millikan den Nobelpreis. Erst Jahrzehnte später stellte sich heraus, dass er bei seinem Öltröpfchen-Versuch zur Ermittlung der Elementarladung eines Elektrons insgesamt 140 Versuchsreihen durchgeführt, aber nur die Daten von 28 Experimenten veröffentlicht hatte, weil nur diese Ergebnisse zu seiner Theorie passten. Die anderen Daten hat er einfach unterschlagen – ebenso wie die Co-Autorschaft eines seiner Doktoranden.
- Gefälschte Forschungsresultate: 2002 stürzt ein deutscher Naturwissenschaftler rapide ab: Dem Konstanzer Physiker Jan Hendrik Schön, weltweit als Forschungsstar gefeiert und mit seinen damals gerade 32 Jahren schon als potenzieller Nobel-

preiskandidat gehandelt, werden Fälschungen und Manipulationen in 25 Veröffentlichungen nachgewiesen. Schön verliert seinen Job bei den renommierten Bell-Laboratorien in den USA, 2004 den Doktortitel der Uni Konstanz – und 2014 auch das Verfahren vor dem Bundesverfassungsgericht, in dem er gegen den Entzug des Doktortitels geklagt hatte.

Mit anderen Worten: Auch und gerade bei der Aussage, eine bestimmte Tatsache oder Einschätzung sei in einer wissenschaftlichen Studie bestätigt oder von einem Forscher oder einer Forscherin belegt worden, sollten Mediennutzerinnen und -nutzer – und damit auch Schülerinnen und Schüler – aufmerksam sein und genauer hinschauen. Natürlich sind die allermeisten wissenschaftlichen Ergebnisse auf korrekte Weise zustande gekommen. Doch ein unumstößliches Argument für die Richtigkeit einer bestimmten Aussage ist der Hinweis auf eine vermeintlich wissenschaftliche Quelle leider nicht.

Übung
Twittern Sie selbst als Trump

So viele Fake News, so viele Fälle – und dabei ist das, was wir Ihnen in diesem Kapitel präsentiert haben, ja nur eine klitzekleine Auswahl. Haben Sie sich beim Lesen manchmal auch gewundert, wie leicht es offenbar ist, Fake News zu verbreiten? Und haben Sie sich vielleicht gefragt, ob Sie das auch schaffen würden?

Dann können Sie das jetzt mal spielerisch ausprobieren. Wie wär's? Nach all den Fake News, den mehr oder weniger frei erfundenen Neuigkeiten aus der jüngeren und älteren Vergangenheit – wollen Sie nicht einfach mal selbst ein erlogene Nachricht aufschreiben? Um es Ihnen ein bisschen einfacher zu machen, haben wir schon mal den richtigen Rahmen dafür erstellt. Er stammt von der Webseite www.faketrumptweets.com, auf der Sie selbst vermeintliche Twitter-Mitteilungen des amerikanischen Präsidenten erstellen können. Es ist natürlich auch möglich, diesen Rahmen als Kopiervorlage zu nutzen (oder auf der Webseite selbst eine herzustellen) und damit dann Ihre Schülerinnen und Schüler Fake News produzieren zu lassen.

Probieren Sie es selbst einmal aus: Es ist gar nicht so leicht,
- thematisch,
- sprachlich
- und stilistisch

so zu schreiben, dass es sich wirklich nach dem amerikanischen Präsidenten anhört. Aber Sie schaffen das bestimmt!

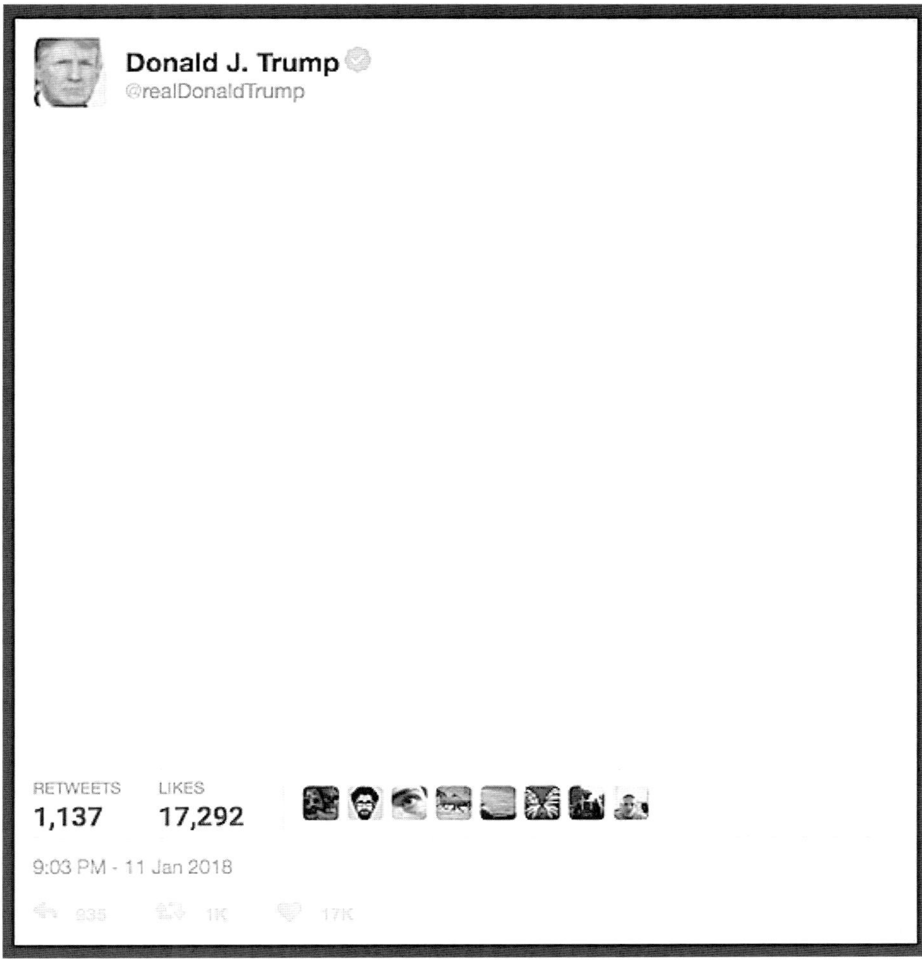

Abbildung 14: Twittern Sie selbst als Trump

Kapitel 2: Wie seriös sind Facebook-Nachrichten?

Ausgewählte Studien zu Fake News und Hate Speech

Wie groß ist der Einfluss von Hackern und Bots auf Wahlkämpfe, etwa auf die Bundestagswahl im Herbst 2017, tatsächlich gewesen? Als wie glaubwürdig werden «die Medien» in Zeiten von «Lügenpresse»-Anwürfen wahrgenommen? Woher beziehen Schülerinnen und Schüler, aber auch Lehrerinnen und Lehrer ihre Nachrichten und Informationen? Solche Fragen interessieren derzeit verstärkt auch Wissenschaftlerinnen und Wissenschaftler. Beinahe im Wochentakt erscheinen neue Studien, die sich mit Mediennutzung und Medienskepsis beschäftigen – aber auch mit der Rolle der Wissenschaft in der öffentlichen Debatte um Fakten und Fakes. In diesem Kapitel stellen wir Ihnen einige aktuelle Untersuchungen vor. Unsere Zusammenstellung kann natürlich keinerlei Anspruch auf Vollständigkeit erheben, sondern soll einige der thematischen Aspekte vertieft darstellen, die auch an anderen Stellen in diesem Buch behandelt werden.

Tipp
Wenn Sie sich einen Überblick über aktuellen Forschungsprojekte im deutschsprachigen Raum verschaffen wollen, empfehlen wir Ihnen eine Recherche beim Informationsdienst Wissenschaften (idw) unter www.idw-online.de. Wenn Sie in der Suchmaske den Begriff «Fake News» eingeben, erhalten Sie alle Pressemitteilungen, die von den teilnehmenden Hochschulen und Forschungseinrichtungen zu diesem Thema in der letzten Zeit publiziert wurden. Zudem finden Sie auch Links zu den Originalstudien. Die Nutzung des idw ist kostenlos.

Im Folgenden werden wir Ihnen die Studien in kurzer Form, gewissermaßen als Streckbrief, vorstellen. Jede dieser Zusammenfassungen enthält auch Hinweise darauf, wo Sie weitere Informationen bekommen können. Die Ergebnisse einiger dieser Studien eignen sich auch als Ausgangsmaterial für die Nutzung im Unterricht – vor allem mit älteren Schülerinnen und Schülern.

Der Reiz von Verschwörungstheorien und Fake News

Wie gehen Menschen generell mit Informationen um? Welche Informationen fließen in ihre weiteren Überlegungen ein? Und welche Zusammenhänge einer Geschichte konstruieren sie aus bestimmten Informationsfragmenten, die ihnen zur Verfügung stehen? Diesen Fragen gehen der Bamberger Psychologieprofessor Claus-Christian Carbon und sein Mitarbeiter Marius Raab nach.

Um zu verstehen, wie Einzelinformationen zu Geschichten zusammengefügt werden, nutzen die Psychologen die Methode der narrativen Konstruktion. Die Versuchsteilnehmer erhalten dabei Informationskärtchen zu einem bestimmten Ereignis. Aus den darauf enthalten Informationen konstruieren sie jeweils die Geschichte, die ihnen am plausibelsten erscheint. Die Forscher können auf diese Weise gewissermaßen Fake News und Verschwörungstheorien beim Entstehen zuschauen.

Dass das ein lohnendes Forschungsfeld ist, steht außer Frage: 40 Prozent der US-Amerikaner halten den Klimawandel für eine Lüge, in Deutschland bestreiten die so genannten «Reichsbürger» die Rechtmäßigkeit der Bundesrepublik. Weitere bekannte Aufhänger für Verschwörungstheorien sind die Terroranschläge vom 11. September 2001 (wahlweise vom israelischen Geheimdienst oder der US-Regierung inszeniert oder auch komplett erfunden), die Ermordung John F. Kennedys (von CIA und/oder FBI und/oder der Mafia und/oder der US-Regierung in Auftrag gegeben) oder die Mondladung (in einem Fernsehstudio gefälscht). Es gebe «eine schier unüberschaubare Menge an Verschwörungsthemen», sagen die Psychologen.

Wie sie bei ihrer Forschung vorgehen, lässt sich am Beispiel des 9/11-Terrors zeigen. Den Versuchspersonen wurden dabei Informationskarten mit verschiedenen Aussagen zum Terroranschlag gezeigt – von den Meldungen seriöser Nachrichtenagenturen mit dem Verweis auf einen Al-Kaida-Anschlag bis zu abstrusen Behauptungen aus dem Netz, nach denen die amerikanische Regierung selbst hinter dem Attentat steckt. Je nachdem, wie die Wissenschaftler die Angaben auf den Karten veränderten, wandelten sich auch die Geschichten, die die Teilnehmer daraus konstruierten. Dabei zeigte sich: «Verschwörungstheorien sind kein Nischenphänomen.» Aus dem geschilderten Versuch resultierte eine deutliche Mehrheit an Geschichten, die die Darstellung der US-Regierung zu den Anschlägen in Frage stellt oder sogar ablehnt. Aus ihren Ergebnissen heraus ergibt sich für die Bamberger Psychologen auch die Frage nach der gesellschaftspolitischen Bedeutung von Verschwörungstheorien. «Sie können harmlos sein, eine Speerspitze für gesellschaftliche Veränderungen oder brandgefährlich – der Inhalt entscheidet», sagt Marius Raab. Und verweist auf einen bisher wenig diskutierten Aspekt: Als Instrument, mit dem Politik und Institutionen hinterfragt und Diskussionen angeregt werden, könne eine Verschwörungstheorie die Gesellschaft jedoch auch bereichern, sagt er.

Informationen:
Die Ergebnisse wurden im Dezember 2017 publiziert.
Weitere Informationen unter www.uni-bamberg.de/news/artikel/verschwoerungstheorien-raab-carbon

Jeder ist ein potenzieller Verschwörungstheoretiker

Mit Verschwörungstheorien beschäftigt sich auch der US-Psychologe Rob Brotherton aus New York. Er ist überzeugt, dass das menschliche Gehirn es den Verschwörungstheoretikern sehr einfach macht: «Wir alle sind potenzielle Verschwörungstheoretiker», sagt Brotherton[44], «unser Hirn funktioniert nun mal so, ob wir daran glauben oder nicht. Zum Beispiel neigen wir dazu, hinter Ereignissen eher Absichten als Zufälle zu sehen.» Genau diese ins Unbewusste einprogrammierte Suche nach Strukturen, nach Regeln und Absichten macht uns anfällig für Erklärungen, die nach einem mehr oder weniger geheimen Masterplan klingen.

Der Psychologe sagt, dass Verschwörungstheorien für diejenigen, die an sie glauben, auch «auf paradoxe Weise beruhigend» seien: Einerseits lösen sie Ängste aus, weil sie von der Grundannahme ausgehen, dass böse und verschwörerische Kräfte am Werk sind. Andererseits aber sind sie beruhigend einfach und liefern für alles Erdenkliche eine simple Erklärung. Außerdem, sagt Brotherton, stärken sie das Selbstbewusstsein ihrer Anhänger, indem sie ihnen eine Rolle als Außenseiter mit besonderem oder sogar geheimem Wissen zuweisen – die Verschwörungstheoretiker sind schließlich diejenigen, die die Wahrheit enthüllt haben oder zumindest über das dazu nötige Wissen verfügen (aber die bösen Kräfte tun alles zur Vertuschung).

Rob Brotherton bestätigt, was auch andere Psychologen herausgefunden haben: Um Verschwörungstheoretikern wirksam zu begegnen, hilft es nicht unbedingt, die besseren, faktenbasierten Argumente zu haben. «Ich vermute, es ist entscheidend, die Leute einfach ihre Position erklären zu lassen, was sie denken und warum sie es denken», sagt der Psychologe, «es ist besser, sie selbst ihr Denken hinterfragen zu lassen, als eine Debatte anzuzetteln. Dann wird es schnell zu einem Wettkampf, wer den anderen überzeugen kann.» Und dieser Wettkampf um bessere Argumente und damit um argumentative Beweise, sagt er, führe so gut wie nie dazu, dass ein Verschwörungstheoretiker sich von seinen Erklärungsmustern wieder verabschiede.

Der Verweis darauf, dass es für eine Verschwörungstheorie keine Beweise gebe, sei unsinnig: «Das erwarten Verschwörungstheoretiker ja ohnehin.»

Informationen:
Weitere Informationen unter https://conspiracypsychology.com

Was tun mit Impfgegnern?

Die Frage, wie man mit Anhängern von Verschwörungstheorien umgehen kann und wie sie sich argumentativ erreichen lassen, hat auch die beiden britischen Psychologen Karen M. Douglas und Daniel Jolley beschäftigt. Sie untersuchten in ihrer Studie, von welchen Argumenten sich Impfgegner und Impfskeptiker am ehesten beeindrucken lassen – und von welchen nicht. Das ist tatsächlich eine wichtige Frage, schließlich führt das Nichtimpfen von Kindern potenziell zu hohen individuellen und auch gesellschaftlichen Risiken. «Prävention ist besser als eine nachträgliche Korrektur», fassen Douglas und Jolley ihre Ergebnisse schon in der Überschrift ihres Artikels zusammen.

In zwei experimentellen Studien hatten die Psychologen ihre Versuchsteilnehmer gebeten, Informationen über Impfungen durchzulesen. Die eine Gruppe erhielt zunächst Fakteninformationen auf dem aktuellen Stand der Wissenschaft, anschließend bekamen sie Texte mit impfskeptischen Aussagen und weit verbreiteten Verschwörungstheorien über das Impfen. Bei der anderen Gruppe war die Reihenfolge umgekehrt: Zunächst gab es die Verschwörungstheorien, anschließend die faktenbasierten Informationen. Alle Teilnehmer sollten anschließend darüber entscheidend, ob sie in einem fiktiven Fall ein Kind impfen lassen würden oder nicht.

«Die Ergebnisse legen nahe, dass Menschen gegen die potenziell gefährlichen Effekte von Anti-Impf-Verschwörungstheorien immunisiert werden können», schreiben die Autoren – allerdings nur dann, wenn sie möglichst früh die notwendigen Fakteninformationen erhalten. Denn wenn sich die ablehnenden und falschen Theorien über das Impfen einmal festgesetzt haben, sei es schwierig, diese wieder zu korrigieren. Die Psychologen fordern deshalb neue (Bildungs-)Instrumente, um den negativen Effekten von Verschwörungstheorien frühzeitig entgegentreten zu können.

Informationen:
Die Studie wurde im März 2017 veröffentlicht.
Weitere Informationen unter https://www.researchgate.net/publication/315100583_Prevention_is_better_than_cure_Addressing_anti-vaccine_conspiracy_theories

Fake News und die US-Präsidentenwahl 2016

Fake News und Donald Trump – beide Phänomene hängen eng zusammen. Denn Trump und sein Umfeld nutzen den Begriff «Fake News» einerseits als Kampfbegriff gegen unliebsame Medienberichterstattung, andererseits operieren der US-Präsident und seine Mitstreiter besonders gerne selbst mit erlogenen Nachrichten, die sie als «alternative Fakten» bezeichnen – was wiederum im Januar 2018 als «Unwort des Jahres» ausgezeichnet wurde.

Forscher der Princeton University, des Dartmouth College und der University of Exeter haben während des US-Präsidentschaftswahlkampfs im Oktober und November 2016 mehr als 2 500 US-Wähler zum Thema «Fake News» befragt und außerdem deren Internet-Aktivitäten ausgewertet. Dabei zeigte sich, dass jeder Vierte sich auf Seiten im Netz bewegte, die Fake News verbreiten – und das, obwohl nur jede 40. aufgerufene Webseite (2,6 Prozent) überhaupt Falschnachrichten lieferte.

Rechnet man die Zahlen der Studie auf alle Wähler in den USA hoch, heißt das, dass rund 65 Millionen Menschen die Fake-News-Seiten besucht haben. Die politische Präferenz und das Fake-News-Nutzungsverhalten hängen dabei eng zusammen: Von den bekennenden Hillary-Clinton-Anhängern lasen 15 Prozent mindestens einen Fake-News-Artikel, bei den Anhängern von Donald Trump waren es 40 Prozent. Ein weiterer interessanter Aspekt: «Wir fanden heraus, dass Facebook eine Schlüsselfunktion bei der Verbreitung von Fake News hatte», schreiben die Autoren. Und sie weisen auf einen weiteren Befund hin: Faktenchecks von Fake News erreichen fast nie die Facebook-User.

Informationen:
Die Studie wurde im Januar 2018 veröffentlicht.
Weitere Informationen unter http://www.dartmouth.edu/~nyhan/fake-news-2016.pdf

Fake News und die Bundestagswahl 2017

Nach den Versuchen, die US-amerikanische Präsidentschaftswahl im November 2016 mithilfe von Fake News zu beeinflussen, und den nach der Wahl einsetzenden Aufklärungsbemühungen gab es auch in Deutschland Befürchtungen, dass mit Lügen und Propaganda Einfluss auf die Bundestagswahl im Herbst 2017 genommen werden könnte. Die Stiftung Neue Verantwortung[45] hat dazu vor und nach der Wahl mehrere Teilstudien durchgeführt und kommt, auch in Übereinstimmung mit anderen Faktencheckern wie etwa dem Faktenfinder der ARD, zu einer klaren Aussage: «Die große Fake-News-Schwemme blieb aus.» Auch habe es nicht die eine, große Falschmeldung gegeben, die den Wahlkampf maßgeblich geprägt und beeinflusst hätte.

«Die klassischen Fake News hierzulande bewegen sich meist unter dem Radar der Öffentlichkeit, fast immer geht es um Themen wie ‹Flüchtlinge› oder ‹Innere Sicherheit›», schreiben die Autoren der Studie. «Besonders erfolgreich laufen sie in all den Kommunikationsräumen, in denen der Journalismus heute in der digitalen Welt nicht mehr vollends hineinreicht – das betrifft geschlossene Gruppen und offene Timelines auf Facebook genauso wie Foren und Blogs – und zwar überwiegend weit rechts der Mitte.» Gekennzeichnet sei diese Kommunikation von dem Bestreben, kognitive Dissonanzen zu vermeiden und das Geschehen in der Welt dem eigenen Weltbild anzupassen. Und das bedeutet: «Wenn die Realität nicht schlimm genug ist, müssen halt ‹Fake News› herhalten, damit sie es wird.» Dass das kein erfundener Vorwurf ist, sondern exakt die Strategie der Rechtspopulisten beschreibt, bestätigt ein entlarvendes Zitat des AfD-Pressesprechers gegenüber dem ARD-Faktenfinder: «Wenn die Message stimmt, ist uns eigentlich egal, woher das Ganze kommt oder wie es erstellt wurde. Dann ist es auch nicht so tragisch, dass es Fake ist.»

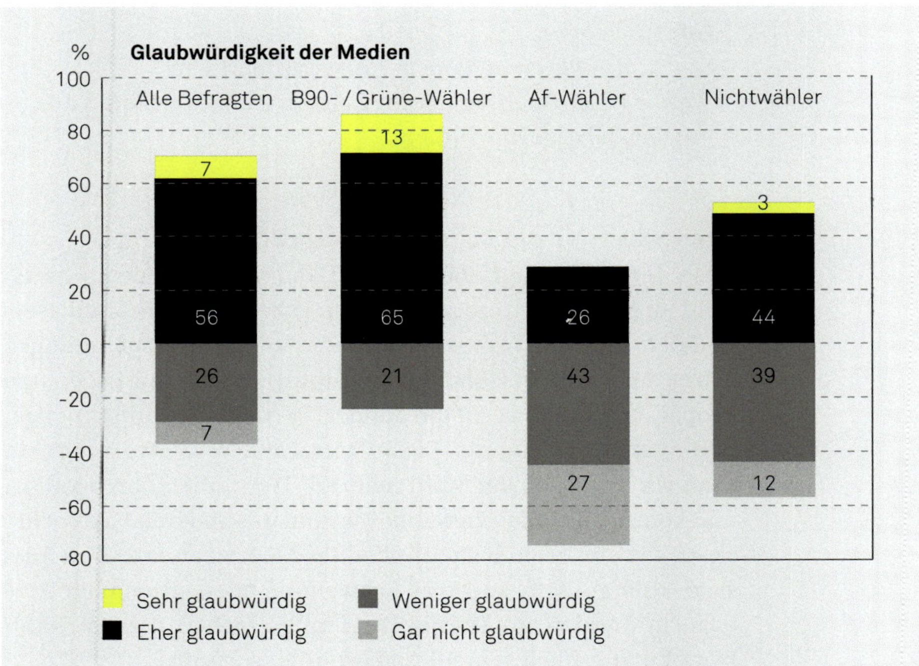

Abbildung 15: Glaubwürdigkeit der Medien (in Prozent)

Passend dazu zeigte sich in der Studie, dass mit 63 Prozent zwar die Mehrheit der Deutschen «die Medien» für «eher glaubwürdig» oder «sehr glaubwürdig» hält, dass diese Einschätzung jedoch stark von der eigenen politischen Einstellung abhängt. Am medienskeptischsten sind demnach AfD-Wähler, die zu 70 Prozent sagen, Medien seien «weniger» oder «gar nicht» glaubwürdig.

Dabei spielt auch die Schulbildung eine wichtige Rolle: Bei Wählerinnen und Wählern mit Hauptschulabschluss bezweifelt jeder Zweite die Glaubwürdigkeit der Medien, bei den Akademikerinnen und Akademikern ist es nur jeder Vierte. Für «auffällig und durch die Historie erklärbar» halten die Autoren einen weiteren Befund: Befragte in Ostdeutschland halten Medien für deutlich weniger glaubwürdig als die Studienteilnehmer im Westen.

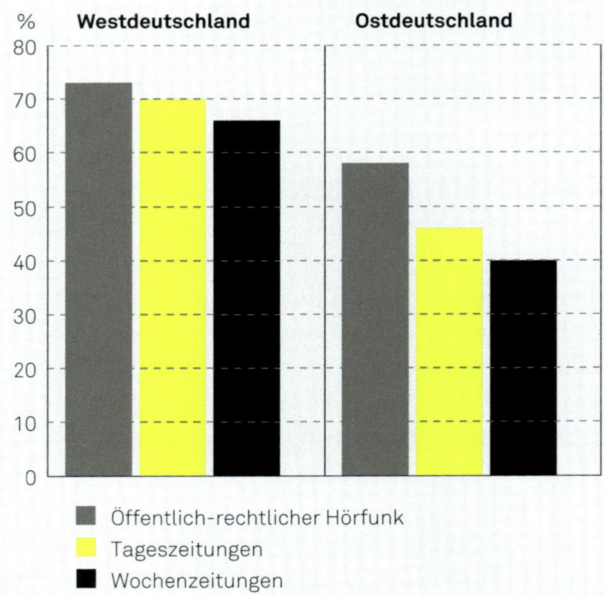

Abbildung 16: Glaubwürdigkeit verschiedener Medientypen

Die Studie belegt eindrucksvoll, wie wiederkehrende Fake News als Narrative langsam ins Bewusstsein der Bürger sickern und dann Wahrnehmung, (vermeintliches) Wissen und eigene Einstellung zu einer diffusen Wirklichkeit verschmelzen. Fazit der Studie: Fake News «wirken vor allem dort, wo sie geglaubt werden sollen und wo sie dazu beitragen, die verzerrte Realität zu zeichnen, die politisch gewollt ist.»

Aus der Perspektive von Schule und Bildungssystem lassen sich daraus vor allem zwei Erkenntnisse ableiten:

Fake News sind Teil einer gezielten politisch-destruktiven Kommunikationsstrategie, für die zukünftige und aktuelle Wählerinnen und Wähler sensibilisiert werden müssen.

Bildung hilft gegen Desinformationskampagnen. Schulische und außerschulische Bildungsangebote müssen dabei offen sein für «abgekoppelte Gruppen von Wählern», wie sie von den Autoren der Studie identifiziert wurden.

Informationen:
Die Daten wurden im Oktober 2017 veröffentlicht.
Weiter Informationen unter https://www.stiftung-nv.de/sites/default/files/fake_news_im_schatten_der_usa_und_der_bundestagswahl.pdf

Jeder Vierte fühlt sich von Unternehmen belogen

Die Debatte um Fake News und damit um die Glaubwürdigkeit von Nachrichten im Allgemeinen wirkt sich auch in einem anderen Bereich aus: in der Unternehmenskommunikation. Die «Authenticity-Gap»-Studie des Beratungsunternehmens FleishmanHillard von Ende 2017 kommt zum Ergebnis, dass inzwischen 25 Prozent der Deutschen jede Form von Information aus Unternehmen für unglaubwürdig halten – nahezu eine Verdreifachung gegenüber den Werten von 2015 (damals waren es gerade mal 9 Prozent).

Besonders unglaubwürdig sind demnach die offiziellen Repräsentanten von Firmen und Unternehmen: Wenn Vorstände oder Geschäftsführer etwas kommunizieren, dann haben nur 9 Prozent der Deutschen Vertrauen in diese Aussagen. Nur bei Politikern liegt der Wert mit 6 Prozent noch niedriger. Die Autoren der Studie machen zwei Hauptursachen für diese Glaubwürdigkeitskrise aus: einerseits Skandale wie etwa die Abgasmanipulationen in der Automobilindustrie, andererseits die anhaltende öffentliche Debatte um Fake News und das Schlagwort von der Lügenpresse.

Informationen:
Die Studie wurde im Dezember 2017 veröffentlicht.
Weitere Informationen unter http://fleishmanhillard.de/2017/12/glaubwuerdigkeit-fake-news-authenticity-gap

Welche Erfahrungen haben Menschen mit Fake News gemacht?

Wie oft kommen Mediennutzer im deutschsprachigen Raum überhaupt mit Fake News in Berührung? Nach einer Erhebung der Landesanstalt für Medien NRW aus dem Frühsommer 2017 hat mehr als die Hälfte der deutschen Onlinenutzer schon einmal bewusst Kontakt mit Fake News gehabt: 59 Prozent sagten demnach, dass sie mit Falschmeldungen und Lügen im Netz schon einmal in Berührung gekommen sind. In der Nutzergruppe der 14- bis 27-Jährigen lag der Wert sogar bei 77 Prozent. Interessant dabei ist, dass jeder Zweite (48 Prozent), der schon einmal Fake News im Netz gesehen hat, darauf durch Medienberichte aufmerksam geworden ist.

Die Meinung der Befragten zum Umgang mit Falschnachrichten ist dabei ziemlich eindeutig: 86 Prozent plädieren für eine einfachere Kennzeichnungsmöglichkeit und für neue Löschgesetze. Nur eine Minderheit vertritt in der Umfrage die Auffassung, dass Fake News kein Fake, sondern nur freie Meinungsäußerungen seien (8 Prozent) – darunter sind überdurchschnittlich häufig Ostdeutsche (17 Prozent).

«So erfreulich es ist, dass jüngere Nutzer offenbar deutlich informationskompetenter sind, so beunruhigend ist das zunehmende Auseinanderdriften in der Gesellschaft», sagt Tobias Schmid, Direktor der Landesanstalt für Medien NRW, «wir müssen deshalb Erwachsene in ihrer Rolle als Mediennutzer noch stärker als bisher qualifizieren. Wenn das nicht gelingt, droht eine weitere digitale Spaltung der Gesellschaft.» Dies zeigt sich bereits in den Ergebnissen der Studie zu den Unsicherheiten angesichts von Fake News: Von den 45- bis 59-Jährigen fühlen sich 43 Prozent mit dem Identifizieren von Fake News überfordert, bei Menschen über 60 Jahre sind es sogar 47 Prozent.

	Stimmen voll und ganz zu	Stimmen eher zu
Es sollte einfacher für Nutzer sein, Fake News zu kennzeichnen.	43	43
Es braucht neue Gesetze, damit Facebook und Co. Fake News schneller löschen müssen.	45	45
Fake News machen mich wütend.	25	37
Fake News bedrohen unsere Demokratie.	23	38
Ich fühle mich mit dem Identifizieren von Fake News überfordert.	9	33
Ich verstehe die Aufregung nicht – Falschnachrichten hat's schon immer gegeben.	9	33
Das Thema Fake News interessiert mich nicht.	8	27
Fake News sind kein Fake, sondern freie Meinungsäußerung.	2	6

Abbildung 17: Aussagen zu Fake News im Internet (Basis: 1.011 Befragte; Angaben in Prozent; Quelle: LfM NRW 2017)

Informationen:
Die Studie wurde im Juni 2017 veröffentlicht.
Weitere Informationen unter http://www.lfm-nrw.de/service/pressemitteilungen/pressemitteilungen-2017/2017/juni/neue-lfm-studie-zu-fake-news-mehr-als-die-haelfte-der-onlinenutzer-hat-erfahrung-damit.html

Wer vertraut welchen Medien?

Zur Frage, welche Bevölkerungsgruppen welche Medien nutzen und wie viel Vertrauen sie ihnen entgegenbringen, wurde und wird viel geforscht. Fast wöchentlich erscheinen neue Studien zu diesem Themenfeld. Zum Schluss dieses Kapitels mit dem Blick in die Wissenschaften möchten wir Ihnen deshalb eine kleine Auswahl solcher Studien auflisten.

– Migranten: Die von der Sächsischen Landesanstalt für privaten Rundfunk und neue Medien 2014 erstellte Studie zum

Mediennutzungsverhalten jugendlicher Migranten in Sachsen (JuMiS) haben wir Ihnen in der Einleitung bereits vorgestellt.
- Misstrauen: Trotz der Debatte über Falschmeldungen und Fake News konnten Forscher der Uni Mainz *keinen umfassenden, dramatischen Vertrauensverlust in die Medien* erkennen – auch wenn nach den Ergebnissen ihrer repräsentativen Befragung «größere Teile der Bevölkerung ein erhebliches Misstrauen» gegenüber den Medien artikulieren (2017).[46]
- Glaubwürdigkeit: Mit der *Wahrnehmung und Wirkung von Falschmeldungen* im Hinblick auf das Wahlverhalten hat sich eine Studie der Universität Passau (2017) beschäftigt. Fake News, die den Menschen durch wiederholte Rezeption bekannt und vertraut sind, werden danach als glaubwürdiger eingeschätzt als bislang unbekannte Nachrichten[47].
- Folgen: Mit den *Folgen der Fake-News-Debatte für die Medienglaubwürdigkeit* in den USA, Frankreich, Brasilien und Großbritannien beschäftigt sich die Studie «Trust in News» (2017).[48]

Wir hoffen, dass unter den in diesem Kapitel vorgestellten Studien die eine oder andere für Sie von Interesse ist – entweder zur Vertiefung des eigenen Wissens oder aber auch als Ausgangsbasis für Ihren Unterricht zum Thema «Fake News».

Kapitel 3: Digitale Kommunikation im Unterricht nutzen

Die Medienkompetenz von Jugendlichen fördern

Soziale Netzwerke im Unterricht einsetzen

Digitale Jugendsprache

«Meine Eltern wissen nicht, wie ich mit meinen Freunden schreibe. Das ist auch gut so, sonst gibt's Krach.» (Selina, 15 Jahre)

«Wenn ich mit meiner Mutter schreibe, schreibt sie immer so in ganzen Sätzen, mit Punkt und Komma. Völlig unnötig, echt. Das dauert viel länger, alles einzutippen und so. Mit meinen Freunden geht das auf jeden Fall schneller.» (Luisa, 14 Jahre)

Sprachwissenschaftlerinnen und Sprachwissenschaftlicher sind sich einig, dass digitale Kommunikation einen großen Einfluss auf die deutsche Sprache und den sozialen Umgang hat. Durch veränderte Bedingungen zeichnet sich die Kommunikation von Jugendlichen durch Abkürzungen in Sätzen wie Wörtern aus. Mündlichkeit und Schriftlichkeit werden zunehmend vermischt, Grammatik-, Rechtschreib- und Interpunktionsregeln scheinen keine Bedeutung mehr zu haben.[49] Die Folge sind wenig komplexe Satzstrukturen, falsche Anwendung der deutschen Grammatik, vermehrt sprechsprachliche Strukturen, Vernachlässigung der Groß- und Kleinschreibung, Nutzung von Akronymen und Wortkürzungen, Anglizismen und vor allem ausgeprägte Nutzung einer bildlichen Sprache: viele Emoticons statt großer Worte ☺.

Nahezu alle Kinder ab zehn Jahren (94 Prozent) sind grundsätzlich online, die durchschnittliche Internetnutzungszeit pro Tag bei den 14- bis 29-Jährigen ist im Jahr 2017 auf 4,5 Stunden angestiegen.[50] Das entspricht einem Anstieg von knapp 30 Minuten im Gegensatz zum Vorjahr. Während viele Erwachsene Facebook als Informations- und Kommunikationsplattform für sich entdeckt haben und regelmäßig nutzen, nehmen Kinder und Jugendliche andere Kommunikationswege. Whatsapp hat Facebook als beliebtestes soziales Netzwerk bei den 10- bis 16-Jährigen längst überholt. Gesprächsverlaufe sind geprägt von Abkürzungen und von einer Bildsprache, die für Nichtkenner mitunter zu Verständnisschwierigkeiten führen.

«Was machst Du?»

«Bist Du noch wach?»

«Entschuldige, ich brauche noch einen Moment, bitte.»

«Jetzt bin ich bei Dir.»

«Wollen wir morgen ins Kino gehen? Ich würde mich freuen.

«Okay, sehr gerne.»

«Wollen wir den Film Shades of Grey schauen?»

«Okay, gute Idee.»

«Ich wünsche Dir eine gute Nacht und habe dich sehr lieb.»

«Ich dich auch. Ich schicke Dir einen Kuss.»

«Wir sehen uns. Bis dahin einen Kuss zurück.»

«Wir sehen uns.»

Abbildung 18: Whatsapp-Chat und Übersetzung

Droht uns also eine Verrohung der Sprache, da die heranwachsende Generation nicht mehr in der Lage sein wird, «vernünftig» zu kommunizieren? Mitnichten.

Sprache war und ist ein natürliches Mittel von Jugendlichen, sich abzugrenzen. Von ihren Eltern, von Erwachsenen im Allgemeinen. Zugleich zeigt eine untereinander verständliche Sprachnutzung Zugehörigkeit zu einer Gruppe. Sprache ist also mehr als nur ein Kommunikationsmedium, Sprache schafft Identität.

Durch digitale Medien hat sich die Schriftsprachlichkeit derart verändert, dass Schreiben immer mehr zum Eintippen von konzeptionell mündlichen Inhalten wird. Dennoch gibt es bislang keine empirischen Nachweise, dass es durch digitale Kommunikation zu einem Verfall der Sprache kommt. Auch Jugendliche sind sehr wohl in der Lage, «situationsangemessen zwischen verschiedenen Schreibhaltungen und -stilen zu wechseln»[51]. Die Möglichkeit eines interaktionsorientierten Schreibstils in sozialen Medien führe eher dazu, dass «vermutlich noch nie so viel geschrieben worden (ist) wie heute in den neuen Medien»,[52] schreibt Jürgen Trabant.

Digitale Kommunikation

Jugendliche nutzen (derzeit) am häufigsten die sozialen Netzwerke WhatsApp, Instagram und Snapchat zur Kommunikation im Internet. Bei 14- bis 17-Jährigen sind insbesondere diejenigen Plattformen beliebt, über die man vorrangig anhand von Fotos und Videos kommuniziert. Werden sie älter, greifen sie stärker auf Netzwerke zu, die einen Austausch mittels Textfunktionen ermöglichen.

Was verbirgt sich also hinter diesen Netzwerken?

WhatsApp

WhatsApp wurde im Jahr 2009 als Instant-Messaging-Dienst gegründet und im Jahr 2014 für 19 Mrd. US-Dollar an Facebook verkauft. Mit rund 1,5 Mrd. Nutzern weltweit gehört WhatsApp zu den am schnellsten gewachsenen Internetdiensten. Bis zu 50 Milliarden WhatsApp-Nachrichten werden täglich weltweit verschickt. Über WhatsApp können Text- und Sprachnachrichten, aber auch Fotos und Videos versendet werden. Videotelefonie ist nunmehr ebenso möglich wie das Mitteilen des eigenen (Live-)Standorts. Die Kommunikation erfolgt zwischen einzelnen Personen oder in Gruppenchats. Je nach persönlichen Einstellungen kann der Kommunikationspartner einsehen, wann eine Nachricht zugestellt und gelesen worden ist.

Rechtliche Rahmenbedingungen

Obschon in sehr regelmäßigen Abständen von Datenschutzbeauftragten Sicherheitsbedenken geäußert werden und die Nutzer über die Allgemeinen Geschäftsbedingungen einwilligen, dass das Unternehmen Medien zu kommerziellen Zwecken verwenden darf, gibt es bislang keine Alternative mit einer vergleichbaren Reichweite. Seit August 2016 wurde im Zuge einer Aktualisierung der Nutzungsbedingungen das Mindestalter zur Nutzung von 16 auf 13 Jahre gesenkt. Diese Altersgrenze geht vor allem auf den US-amerikanischen «Children's Online Privacy Protection Act» (COPPA)[53] zurück. Das Gesetz schreibt vor, dass persönliche Daten von Kindern unter 13 Jahren nicht gespeichert werden dürfen. Über die Grenzen Amerikas hinaus können theoretisch je nach Herkunftsland individuelle Altersgrenzen festgelegt werden. Für die Europäische Union ist ab dem 25. Mai 2018 eine neue Datenschutz-Grundverordnung gültig, die die Grenze des Mindestalters verschärfen und wieder auf 16 Jahre anheben wird.

So heißt es in Art. 8 (1) «Bedingungen für die Einwilligung eines Kindes in Bezug auf Dienste der Informationsgesellschaft»:

Gilt Artikel 6 Absatz 1 Buchstabe a bei einem Angebot von Diensten der Informationsgesellschaft, das einem Kind direkt gemacht wird, so ist die Verarbeitung der personenbezogenen Daten des Kindes rechtmäßig, wenn das Kind das sechzehnte Lebensjahr vollendet hat. Hat das Kind noch nicht das sechzehnte Lebensjahr vollendet, so ist diese Verarbeitung nur rechtmäßig, sofern und soweit diese Einwilligung durch den Träger der elterlichen Verantwortung für das Kind oder mit dessen Zustimmung erteilt wird.[54]

Da die Registrierung bei WhatsApp lediglich über die Eingabe der eigenen Handynummer erfolgt und somit keinerlei technischen Hürden vorhanden sind, ist überaus fraglich, inwieweit eine Einwilligung der Eltern bei jüngeren Jugendlichen tatsächlich eingeholt wird.

Nutzung in der Schule

WhatsApp für Gruppenchats zu nutzen, um Terminabsprachen zu koordinieren, Hausarbeiten zu ergänzen oder Fragen von Schülerinnen und Schülern außerhalb der Anwesenheitszeiten in der Schule zu beantworten, wird immer beliebter. Das verwundert nicht, schließlich nutzen 89 Prozent der 12- bis 19-Jährigen WhatsApp täglich, 93,5 Prozent im Allgemeinen. Die Erreichbarkeit scheint also in jedem Falle gegeben. Und dennoch sollten Lehrkräfte sich über einige wichtige Fakten im Klaren sein, bevor sie einen Gruppenchat eröffnen oder einem solchen beitreten.

- Altersgrenzen: Die benannten Altersgrenzen sind insbesondere auch für Lehrkräfte von Bedeutung, da es nach dem Gesetzgeber bei Jugendlichen unter 16 Jahren für die Nutzung einer elterlichen Einwilligung bedarf.

- Datenschutz: Bei Gruppenchats sind die Handynummern aller TeilnehmerInnen sichtbar. Es mag Schülerinnen und Schüler geben, die mit dieser Datenweitergabe für alle Mitschülerinnen und Mitschüler aus unterschiedlichen Gründen nicht einverstanden sind. Eine anonyme Abfrage vor der Eröffnung einer Gruppe kann Abhilfe schaffen. Da keine Schülerin und kein Schüler verpflichtet ist, Daten wie die eigene Handynummer allen kund zu tun, müssen auch einzelne Gegenstimmen ernst genommen werden.
- Freiwillig: Ebenso wie Schülerinnen und Schüler ihre persönlichen Daten nicht freigeben müssen, gibt es gegenüber Lehrkräfte keinerlei rechtlichen Anspruch, soziale Medien als zuweilen zeitgemäßes Kommunikationsmittel in Schule und Unterricht einzusetzen.
- Keine Privatnutzung: Lehrkräfte müssen zwischen privater und dienstlicher Kommunikation differenzieren. Wenn sie Handynummern von Schülerinnen und Schülern über die Schuldaten erhalten, dürfen sie diese nicht privat nutzen, indem sie zum Beispiel Geburtstagsgrüße versenden. Kommuniziert eine Lehrkraft dienstlich, muss sie die datenschutzrechtlichen Vorgaben des Schulgesetzes einhalten. Darunter fällt, dass eine einzelne Lehrkraft keine personenbezogenen Daten selbst erheben darf (Sammeln von Handynummern).
- Erlaubnis einholen: Die Einhaltung der europäischen Datenschutzrichtlinien kann nicht garantiert werden, da nicht sichergestellt werden kann, dass alle Daten verschlüsselt übertragen werden. Zudem werden nicht direkt zustellbare Nachrichten bis zu 30 Tage von dem Unternehmen zwischengespeichert, ehe sie gelöscht werden. Der Aspekt des Datenschutzes ist ein absolut bedeutsamer, da die derzeitigen Messenger-Dienste die EU-Richtlinien zumeist nicht einhalten. Aus diesem Grund sollte die Entscheidung, ob WhatsApp mit Schülerinnen und Schülern genutzt wird, nie eine Einzelentscheidung von Lehrkräften sein, sondern immer mit der Schulleitung und auch den Eltern abgesprochen und eine Erlaubnis im besten Fall schriftlich eingeholt werden.
- Regeln einhalten: Ein grundsätzliches Verbot von WhatsApp in der Schule ist keine Lösung. Wenn Gruppenchats auch von Lehrkräften genutzt werden, müssen die Rechtsgrundlagen

sowie gängige Kommunikationsregeln von allen eingehalten werden. Beispielsweise kann gemeinsam mit den Schülerinnen und Schülern eine schriftlich festgehaltene Netiquette zum Chatten erarbeitet werden. Unbedingt aufnehmen: Keine Weiterleitung von Fotos und Videos, auf denen Mitschülerinnen und Mitschüler zu sehen sind. Das kann strafrechtliche Konsequenzen haben.

Gerade bei jüngeren Nutzern ist es relevant, dass sich Eltern und/oder Lehrkräfte regelmäßig über das Chatverhalten bei WhatsApp informieren. Als besonderes Phänomen haben sich in den vergangenen Jahren sogenannte Hoaxes entwickelt.

Fake News und Hoaxes

Unter Hoaxes werden bewusst in Umlauf gebrachte Falschmeldungen verstanden, die am Ende der Nachricht eine Handlungsaufforderung an den Empfänger richten. Es handelt sich in sozialen Medien meist um Kettenbriefe, die sich viral verbreiten, da die Nachrichten innerhalb eines bestimmten Zeitrahmens an eine bestimmte Anzahl von Personen weitergeleitet werden sollen. Kettenbriefe an sich sind kein neues Phänomen, hingegen werden sie durch die digitalen Kommunikationsformen massenhaft und schnell verbreitet.

Sie können von eher harmloser, wenngleich arg befremdlicher Natur sein, wie folgendes Beispiel zeigt:

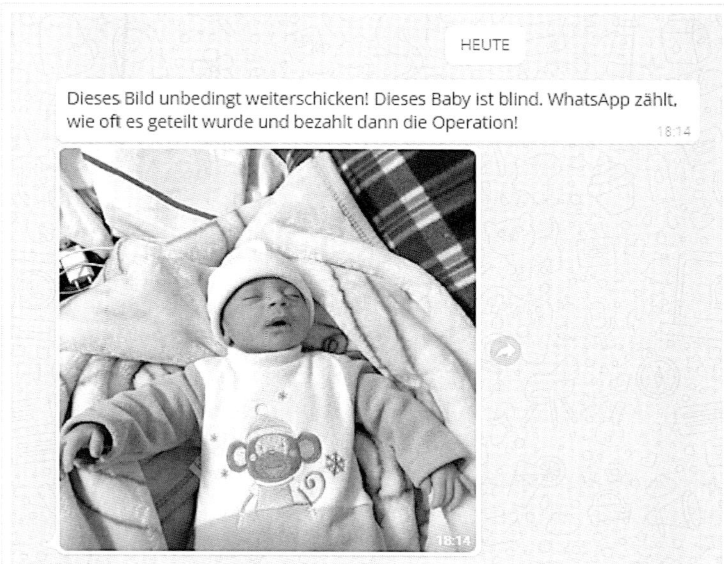

Abbildung 19: Baby-Hoax (Quelle: Mimikama)

Es handelt sich um eine Nachricht, hinter der sich weder ein Virus noch ein Fünkchen Wahrheit verbergen und die somit vom Empfänger schlichtweg ignoriert werden sollte. Kein Unternehmen spendet auf diese Art und Weise Geld an Einzelpersonen oder Institutionen.

Dagegen gibt es jedoch auch Hoaxes, die von Kindern und Jugendlichen nicht direkt als Fake eingeordnet werden und angsteinflößend wirken können:

WARNUNG! Weiterlesen! Oder du wirst sterben, selbst wenn du nur das Wort Warnung betrachtest. Es war einmal, ein kleines Mädchen namens Clarissa. Sie war zehn Jahre alt als sie in eine Psychiatrie eingewiesen wurde. Sie hatte ihre Eltern getötet. Doch nichts konnte sie aufhalten. Sie brachte alle Mitarbeiter in der Psychiatrie um, sodass die Regierung beschloss sie nunmehr loszuwerden. In einem speziell eingerichtetem Raum versuchten sie sie zu töten, so menschlich es ging. Aber es ging schief. Irgendwas war mit der Maschine nicht in Ordnung. Und so saß sie dort in Agonie, stundenlang. Bis sie starb. Wer diesen Brief liest wird am Montag um 12:00 von ihr besucht. Sie kriecht in dein Zimmer und schneidet deine Kehle durch. Du wirst schmerzhaft verbluten. Wie sie selbst. Sende diesen Text an 10 andere Bilder auf dieser Webseite, und sie wird dich nicht verfolgen. Das wird nicht deine schlechteste Entscheidung sein. Wenn du es innerhalb von 10min 10x kopierst und unter anderen Bildern einfügst, dann wird morgen der beste Tag deines Lebens. Du wirst entweder geküsst oder einfach nur glücklich sein. Wenn du diese Kette unterbrichst, wirst du heute Abend in deinem Zimmer ein kleines totes Mädchen sehen. BEEIL DICH

Quelle: https://www.saferinternet.at/news/news-detail/article/whats-app-kettenbriefe-421

Das Prinzip hinter solchen Nachrichten ist recht eindeutig: der Empfänger wird mit dem eigenen Tod oder dem Tod eines nahen Verwandten bedroht. Oftmals werden Urängste angesprochen, indem gedroht wird, dass der Empfänger nachts heimgesucht wird. Das löst psychischen Stress aus, der sich insbesondere bei Kindern nachhaltig verankern kann.

Die Hintergründe des Entstehens sind vielfältig wie einfältig zugleich. Sie können auf bloße Langeweile zurückzuführen sein, auf das Bestreben nach Aufmerksamkeit, auf Nachrichten, die über Wege der stillen Post verfälscht und dann veröffentlicht wurden. Zumeist sind die digitalen Spuren zum Urheber von Hoaxes nicht mehr rekonstruierbar.

Tipps, wie man mit Hoaxes umgehen kann

- Austauschen: Monatlich sollten sich Eltern mit ihren Kindern über das Chatverhalten in der Peer-Group austauschen. Auch Lehrkräfte können gerade in unteren Jahrgängen in Gesprächsrunden Nachrichtenverläufe aufarbeiten. Es geht nicht um eine Kontrolle der persönlichen Chatverläufe, sondern um eine Sicherstellung, dass verletzende und Angst hervorrufende Nachrichten durch Gespräche abgefangen werden.
- Aufklären: Sprechen Sie mit Ihren Schülerinnen und Schülern über die Existenz und die Hintergründe von Hoaxes. Es muss ein Bewusstsein dafür geschaffen werden, dass Hoaxes frei erfunden sind und sich von der realen Lebenswelt abgrenzen.

Auch wenn Erwachsene über Weiterleitungsaufforderungen von Hoaxes aufgrund der Absurdität schmunzeln mögen, stellen diese für Kinder zunächst eine ernstzunehmende Bedrohung und einen vermeintlichen Eingriff in das Leben über die virtuelle Kommunikation hinaus dar.

- Sensibilisieren: Kinder und Jugendliche müssen dafür sensibilisiert werden, dass nicht alle Kettenbriefe Schlimmes bedeuten müssen und teils auch weitergeleitet werden können. Dafür müssen sie differenzieren können, welche scherzhaft und harmlos und welche bedrohlich sind.
- Nachschauen: Sind Kinder sich nicht sicher, ob es sich um eine Hoax-Nachricht handelt, können Suchmaschinen oftmals Aufklärung schaffen, da sich Hoaxes meist nicht nur über ein einzelnes Netzwerk verbreiten. Eine sehr hilfreiche Unterstützung bei der Aufklärung ist die Homepage www.mimikama.at. Unter dem Reiter «Themenübersicht» werden explizit Kettenbriefe aufgegriffen und regelmäßig um aktuelle Beispiele ergänzt. Diese können in Gesprächen zur Veranschaulichung herangezogen werden.

Fazit: Nicht jeder Kettenbrief ist gefährlich. Sobald aber negative Gefühle hervorgerufen und Drohungen ausgesprochen werden, sollten Kettenbriefe nicht weitergeleitet werden.

Es handelt sich bei Kettenbriefen grundsätzlich um erfundene Geschichten und Nachrichten, die keinen Einfluss auf den Empfänger haben – egal, ob der Kettenbrief weitergeleitet oder gelöscht wird.

Wenn Du Dir nicht sicher bist – lösch den Kettenbrief und leite ihn nicht an deine Freunde weiter, die sich genau die gleichen Gedanken machen werden wie Du.

Kopiervorlage
Hoaxes erkennen, löschen oder weiterleiten

Kettenbriefe zeichnen sich aus durch:	Beispiele	Weiterleiten?
Warnungen	In Groß- oder Fettbuchstaben wird eine Dringlichkeit deutlich gemacht: VORSICHT! NICHT REINFALLEN!	Nein
	Der Empfänger wird mit einem Eingangsstatement dazu angehalten, weiterzulesen: DAS HAST DU NOCH NICHT ERLEBT!	Abhängig von der folgenden Geschichte und der Handlungsaufforderung
Geschichten	Jemand wird bedroht, steht als Geist von den Toten auf, ist akut krank, braucht dringend Hilfe ... Die Geschichten sind vielfältig, sprechen den Empfänger aber immer emotional an. Man empfindet Mitleid oder Angst.	Nein
	Harmlose Geschichten rufen keine negativen Gefühle hervor. Der Empfänger freut sich über die Nachricht oder empfindet diese zumindest nicht als belastend und störend.	Ja
Drohungen	Deine Mama wird innerhalb der nächsten 364 Tage sterben ... Du wirst den morgigen Tag nicht überleben oder Du wirst sehr glücklich sein, wenn ... Es wird ein konkretes Bedrohungsszenario aufgebaut, bei dem der Empfänger oder Familienangehörige/Freunde/Bekannte Ziel von schlimmen Androhungen sind.	Nein
Handlungsaufforderungen	... Du diesen Post sofort mit mindestens 10 Freunden teilst.	Abhängig von der Geschichte und ob eine Drohung vorhanden ist.

Instagram

Instagram ist ein soziales Netzwerk, mit dem Fotos und Videos erstellt, anhand von unterschiedlichen Filtern verändert und öffentlich geteilt werden können. Zudem gibt es die Funktion des Direct Messaging. Nutzer können private Unterhaltungen führen oder aber im Gruppenchat mit bis zu 15 Personen über Text-, Bild und Videonachrichten miteinander kommunizieren. Die Fotos oder Videos werden so versandt, dass sie entweder im Postfach des Gesprächspartners gespeichert oder automatisch nach dem Betrachten durch den Empfänger gelöscht werden. Öffentlich hochgeladene Fotos und Videos können von anderen Nutzern geliket und kommentiert werden. Um Inhalte schnell durchsuchen und finden zu können, werden die Medien oftmals mit einem oder mehreren Hashtags versehen.

Nachrichten, Fotos oder Videos, die gegen die Richtlinien verstoßen, können im Allgemeinen von Nutzern über eine entsprechende Funktion gemeldet werden.

Für die Registrierung benötigt man eine E-Mail-Adresse, optional ist eine Verknüpfung und Anmeldung mit einem bestehenden Facebook-Account möglich.

Neben den privaten Accounts gibt es ferner die Möglichkeit von Instagram for Business. Im Gegensatz zu den privaten Accounts können bei Business-Accounts gesonderte Tools wie das Hinzufügen von Kontaktinformationen, das Aufrufen von Statistiken etc. genutzt werden.

Im Jahr 2010 gegründet, wurde Instagram im Jahr 2012 für eine Mrd. US-Dollar von Facebook gekauft. Laut Instagram hatte das Netzwerk Ende 2017 etwa 800 Millionen Nutzer. Beitreten dürfen Jugendliche ab 13 Jahren, wegen der Beliebtheit der App sind Nutzer in der Realität oftmals noch jünger.

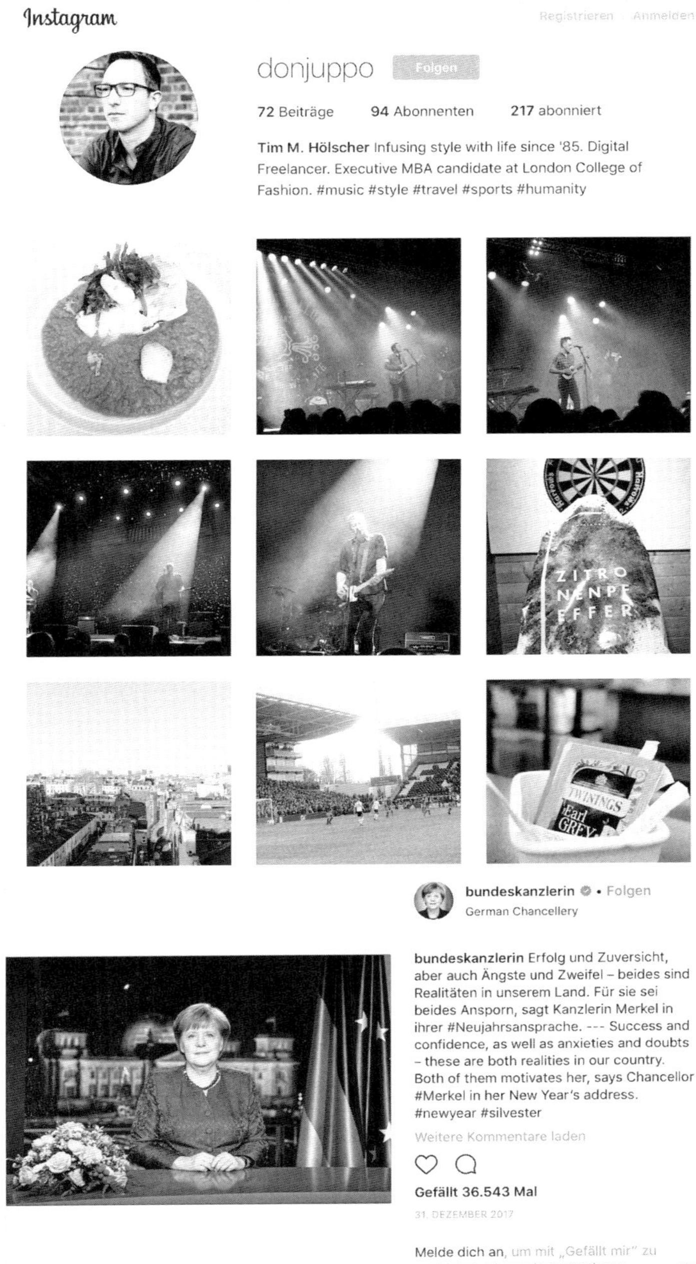

Abbildung 20: Instagram (Quelle: Screenshot Instagram 7. 1. 2018)

Beliebt ist Instagram bei Jugendlichen aus unterschiedlichen Gründen. Anders als bei Facebook steuern keine Algorithmen, welche Inhalte dem Nutzer in seiner persönlichen Timeline angezeigt werden. Alle veröffentlichten Fotos und Videos von Personen, denen man folgt, sind sichtbar. Die Allgemeinen Geschäftsbedingungen untersagen automatische Posts, das erhöht die Authentizität der Nachrichten. Zudem können bei Instagram Fotos in nur wenigen Schritten bearbeitet werden und erhalten dadurch eine ästhetische Aufwertung. Durch die Hashtag-Funktion können Inhalte durchsucht und schnell aufgefunden werden.

Es gibt Profile bei Instagram mit sehr vielen Followern, die sich jeweils durch sehr unterschiedliche Inhalte und Ausrichtungen auszeichnen. Solche erfolgreiche Profile sind längst nicht immer Prominenten zuzuordnen, die durch ihren Bekanntheitsgrad ohnehin viele Follower haben. Sportbegeisterte, Politikinteressierte, Kochliebhaberinnen und Kochliebhaber, Hobbyfotografen, Bastelaffine – jeder kann nach seinen eigenen Interessen Nutzerprofile suchen, denen er folgen möchte. Somit werden breite Interessengruppen angesprochen. Da bei Instagram vorrangig über Fotos und Videos und weniger über Textnachrichten kommuniziert wird, eröffnen sich für die Nutzer darüber hinaus kurze und schnelle Wege des Austausches.

Hinweise für Lehrkräfte und Eltern

- Privatsphäre: Durch die Voreinstellungen bei Instagram sind neu angelegte Profile öffentlich. Diese Einstellung kann in eine private geändert werden.
- Überprüfen: Gerade bei Kindern und Jugendlichen lohnt sich eine gelegentliche Überprüfung, welche Fotos für jedermann auffindbar sind und welchen Profilen sie folgen. Es ist nicht immer eindeutig nachvollziehbar, wer sich mit welchen Motiven hinter einem bestimmten Profil verbirgt. Bei Auffälligkeiten können Profile gemeldet werden.
- Diskutieren: Es kann vom Kind als Vertrauensbruch verstanden werden, wenn Sie selbst ein Profil anlegen, um dessen digitalen Schritten zu folgen. In jedem Falle sollten Sie Gesprächsbereitschaft signalisieren, wenn Inhalte beunruhigen, nicht zugeordnet werden können oder gar gemobbt wird.

Übung
Informationen sammeln

Besprechen Sie, dass Informationen, die den Medien hinzugefügt werden, Spuren im Netz sind, über die auch Fremde Rückschlüsse auf das reale Leben und die eigene Person ziehen können. Je mehr persönliche Angaben gemacht werden, desto transparenter wird man. Machen Sie den Test, wählen Sie beliebige Instagram-Profile aus und verschaffen Sie sich ein Bild von der Person hinter dem Profil. Was finden Sie alles heraus über einen eigentlich unbekannten Menschen? Geburtstage, Hobbys, Haustiere, Mahlzeiten, Standortangaben, Urlaubsziele?

Snapchat

Snapchat, eine Wortzusammensetzung aus Snapshot (dt. Schnappschuss) und Chat (dt. Reden), bietet genau das: Nutzer können sich seit 2011 über Fotos und Videos, die für den Empfänger nur für eine begrenzte Dauer zur Verfügung stehen, austauschen. Die Snaps sind nicht öffentlich, sondern werden unter ausgewählten Nutzern ausgetauscht und sind zwischen einer und zehn Sekunden sichtbar. Danach werden sie laut Unternehmen gelöscht. Sollte der Empfänger während dieser Zeitspanne einen Screenshot von dem Foto oder dem Video machen, wird der Absender darüber informiert. Die Snaps können vor dem Versenden mit Emojis, Filtern, Text und Malereien bearbeitet werden. Zudem besteht die Möglichkeit, Snapchat-Geschichten zu versenden, die für bis zu 24 Stunden abrufbar sind, bevor sie gelöscht werden. Snapchat verweist expliziert darauf, dass vor dem Hintergrund der durch die Nutzer zur Verfügung gestellten Informationen personalisierte Werbung geschaltet werden darf.[55]

Hinweise für Lehrkräfte und Eltern

Nutzer sollten wissen, dass die Medien zwar nach Ablauf der gewählten Zeitspanne für den direkten Zugriff in der App nicht mehr verfügbar sind, hingegen auf dem Endgerät verbleiben. Wer sich auskennt und sich Zeit nimmt, wird die Medien mit großer Wahrscheinlichkeit erneut öffnen können –, ohne dass der Absender darüber informiert wird.

Diese Tatsache ist umso brisanter, als Snapchat eben aufgrund der vermeintlichen Löschvorgänge gerne für sogenannte Sexting-Nachrichten, also zum Versenden von erotischen Inhalten, genutzt wird. Es bedarf durch Eltern und Lehrkräfte einer besonderen Sensibilisierung der Jugendlichen für solche Konsequenzen des Austauschs privater Fotos und Medien über diese Plattform. Zunehmend werden Fälle bekannt, bei denen zumeist weibliche Jugendliche mit einst versendeten Bildern und Videos erotischen Inhalts erpresst oder erniedrigt werden.

Soziale Netzwerke und digitale Medien in der Schule

Nicht jede Lehrkraft muss selbst ein Profil bei beliebten sozialen Netzwerken anlegen. Um schülernahen und lebensweltorientierten Unterricht durchführen und zeitgemäß erziehen zu können, sollte sich hingegen jede Lehrkraft über das Mediennutzungsverhalten der Schülerinnen und Schüler informieren. Dazu gehört das Wissen um ebendiese und ggf. weitere Plattformen. Vor einem fundierten Wissenshintergrund können Debatten um beispielsweise Handyverbote im Unterricht oder den Einsatz eigener Geräte beim Konzept *Bring Your Own Device* (BYOD) anders und verstärkt auf Augenhöhe geführt werden. Denn:

- Schülerinnen und Schüler leben *always on*. Die Inhalte, Nachrichten und Informationen, die sie digital austauschen und erhalten, haben bedeutsamen Einfluss auf das persönliche Verhalten auch in der Schule. Der Austausch innerhalb einer Peer-Group und innerhalb von Klassenverbänden findet heute in Gruppenchats statt, die durch Lehrkräfte nicht einsehbar sind. Dadurch kann der Umgangston nicht mehr kontrolliert werden und ein erzieherisches Einschreiten ist nicht möglich.
- Soziale Netzwerke, mit denen sich Schülerinnen und Schüler meist hervorragend auskennen, können bewusst bei der Förderung von Kommunikationskompetenzen und Informationskompetenzen herangezogen werden. So kann anhand der Netzwerke zu einem kritischen Medienkonsum erzogen werden. In der digitalen Lebenswelt suchen und finden Schülerinnen und Schüler Kontakt zu Personen, die außerhalb ihrer

analogen Reichweite liegen. Damit haben sie die Möglichkeit, in eine Lebenswelt abzutauchen, die sich von der realen Welt inhaltlich wie vom Personenprofil deutlich abgrenzt. Erarbeiten Sie mit Schülerinnen und Schüler exemplarisch die Profile von Personen, mit denen sie chatten oder über andere soziale Medien verbunden sind.

- Schülerinnen und Schüler erkennen, wie viele öffentlich zugängliche Informationen sie über zuweilen fremde Personen sammeln können. Im Anschluss kann in einem gemeinsamen Gespräch reflektiert werden, welche Angaben in ihren eigenen Profilen künftig vermieden werden sollten. In diesem Zusammenhang kann auf die Gefahren hingewiesen werden, die von persönlichen Angaben und bestimmten Fotomotiven ausgehen können. Warum sollte ich meine Adresse und weitere personenbezogenen Daten nicht in meinen Profilen veröffentlichen? Warum eignen sich Urlaubsfotos, bei denen ich leichtbekleidet am Strand liege, nicht zum öffentlichen Posten?
- Erarbeiten Sie mit Schülerinnen und Schüler, wie die Kommentarfunktionen genutzt werden. Welche Art von Kommentaren gibt es? Werden Falschnachrichten verbreitet? Gibt es Hate Speech? Wie würden sie sich fühlen, wenn sie solche Nachrichten erhalten würden? Wie kann ein Gegenkommentar aussehen? Hinweis: Arbeiten Sie exemplarisch. Sie dürfen Schülerinnen und Schüler rein rechtlich nicht dazu verpflichten, Accounts in sozialen Netzwerken anzulegen.
- Soziale Netzwerke sind für die Öffentlichkeitsarbeit von Schulen aus mehreren Gründen gut geeignet. Lehrkräfte und Schülerinnen und Schüler können gleichwertig an der Außendarstellung teilnehmen, indem sie Fotos und Videos beispielsweise für das Instagram-Profil der Schule zur Verfügung stellen. Das Profil kann als Plugin auf die Schulhomepage eingesetzt werden. Der Identifikationsgrad mit der Schule erhöht sich für alle Beteiligten durch die aktive Teilnahme. Zudem ist eine stetige Aktualisierung gewährleistet. Da besonders Instagram auch von öffentlichen Personen und Institutionen genutzt wird, bieten sich deren Profile beziehungsweise deren Fotos als Quelle für Unterrichtsmaterialien an.

- Schülerinnen und Schüler differenzieren sehr genau zwischen effizientem und sinnlosem Einsatz von digitalen Medien im Unterricht. Sie legen weniger Wert auf einen hohen quantitativen als mehr auf einen bewussten Einsatz. Das bedeutet: Verschwenden Sie keine Zeit mit der Aktivierung von Laptops und Whiteboards nur des Einsatzes wegen. Das Endgerät der Schülerinnen und Schüler ist das Smartphone – für Nachrichten, Chats, Internetnutzung. Ab der achten Klasse empfiehlt sich ein kontrollierter Einsatz auch im Unterricht, beispielsweise für Internetrecherchen und Vokabellernen. Lange Anmeldelisten für Computerräume, in denen es dann doch wieder zu technischen Ausfällen kommt, können somit leicht umgangen werden.

Soziale Netzwerke und digitale Medien ändern den Lehrerberuf nicht in seinem Selbstverständnis, Schülerinnen und Schüler mittels einer pädagogischen Professionalität so auf die Lebenswelt vorzubereiten, dass sie zu einer verantwortungsbewussten Lebensgestaltung befähigt werden. Diese Lebenswelt wandelt sich durch die Digitalisierung dahingehend, dass sie zugleich analog und digital ist und die Grenzen dazwischen verschwinden.

Es geht nicht darum, dass Lehrkräfte ihre erprobten didaktisch-methodischen Überzeugungen den neuesten Hypes aus Silicon Valley anpassen und ihre Pädagogik Kommunikationsstrukturen unterwerfen, von denen man unter dem rasanten Wandel nicht weiß, wie lange sie tragfähig und tauglich sind. Es geht nicht um ein Anbiedern an eine Jugendkultur, um das Schaffen einer übergenerationellen Konformität der digitalen Kommunikation, die es nicht geben kann. Es geht nicht um die Aufgabe traditioneller Werte, die Lehrkräfte in ihrer Vorbildfunktion überzeugend und aus Überzeugung vertreten sollen. Es geht nicht darum, den Schülerinnen und Schüler möglichst hip und angepasst zu begegnen, indem man mit ihnen private Inhalte auf Facebook teilt (was zudem rechtliche Konsequenzen haben kann). Im Gegenteil – Kinder und Jugendliche brauchen für die eigene Identitätsfindung in ihrer Sozialisierung klare Abgrenzungen und Grenzen.

Worum geht es aber dann?

Ziel ist es, Schülerinnen und Schüler vor Phänomen zu schützen, die durch die Digitalisierung entweder neu oder in verschärftem Maße auftreten, die auf die gesunde Entwicklung von Kindern und Jugendlichen bedeutsamen Einfluss haben beziehungsweise die die Nachrichten- und Informationskompetenzen negativ beeinflussen können: Fake News, Hoaxes, Fake Profile in sozialen Netzwerken und Datenmissbrauch, Cybergrooming und Sexting.

Um eine Kompetenzerweiterung der Schülerinnen und Schüler zu ermöglichen, ist es somit natürliche Aufgabe von Lehrkräften, Aspekte der digitalen Kommunikation in den eigenen Unterricht zu integrieren. Das bedeutet aber auch, sich zuerst selbst fundiertes Wissen anzueignen, das weitervermittelt werden kann. Zugegebenermaßen sind ausgearbeitete Konzepte zu Unterrichtsstunden oder gar Unterrichtsreihen noch Mangelware auf dem Markt.

Aber: Je früher digitale Kompetenzen gefördert werden, desto besser. Je kritischer Kinder und Jugendliche mit dem Hochladen, Weiterleiten und Veröffentlichen von personengebundenen und falschen Daten umgehen, desto besser. Das bedeutet im Umkehrschluss nicht, dass soziale Netzwerke möglichst gemieden werden sollen, um den Phänomenen im eigenen Alltag zu entgehen, sondern dass sie aktiv eingebunden, Negativbeispiele zur Sensibilisierung aufgegriffen und kompetente Umgangsweisen sich gemeinsam angeeignet werden. Ein richtiger Umgang mit Daten bietet nicht nur Schutz, sondern ist zudem eine grundlegende Qualifikation im künftigen Tätigkeitsfeld und eine Erfordernis für die verantwortungsvolle Haltung als Mitglied der Gesellschaft.

YouTube

YouTube ist ein Online-Videoportal, das seit 2005 unter dem Motto «broadcast yourself» den Nutzern die Möglichkeit bietet, Videos hochzuladen und anzusehen. Durch den einfachen Zugriff ohne vorherige Registrierung und Eingabe von Daten wird die Plattform zunehmend auch als Fernsehersatz genutzt. Das Angebot an Videos reicht von privat hochgeladenen Amateurvideos und Tutorials bis hin zu Serien, Filmen und professionellen Videoclips. In der JIM-Studie 2017 heißt es: «Es gibt kaum einen Themenbereich, zu dem man bei YouTube nichts findet. Dazu zählt auch Desinformation, die Inszenierung und Verbreitung von realer oder virtueller Gewalt oder schlicht Propaganda. Laut YouTube werden täglich Videos mit einer Gesamtdauer von einer Milliarde Stunden abgespielt.»[56] Sobald man ein eigenes Nutzerkonto angelegt hat, ist es möglich, selbsterstellte Videos hochzuladen. Diese sind entweder öffentlich, privat oder nur für Nutzer zugänglich, die über den genauen Link verfügen.

88 Prozent der Jugendlichen nutzen YouTube grundsätzlich, 63 Prozent sogar täglich. 14- bis 17-Jährige sind dabei die Altersgruppe, die die Plattform am intensivsten nutzt, ebenso wie Jugendliche mit geringerer Bildung. Das breite Angebot wird von Jungen und Mädchen in unterschiedlicher Intensität genutzt. Während Jungen vorrangig Let´s-Play-Videos, also Videos, «in denen man anderen beim Gamen und Kommentieren von digitalen Videos zusehen kann»,[57] Musikvideos und lustige Clips ansehen, legen Mädchen den Fokus auf Comedy und Mode-/Beauty-Videos.

YouTube ist längst nicht mehr «nur» eine Plattform zum gelegentlichen Hochladen, Anschauen und Kommentieren von Videos. Bei einer Befragung von Kindern und Jugendlichen zwischen 10 und 18 Jahren konnte gezeigt werden, dass die Lieblingsstars zu 36 Prozent YouTube-Stars sind. Damit liegen die sogenannten «Social Influencer» nur zwei Prozentpunkte hinter Musikern/Bands und sind weitaus beliebter als Stars aus dem Sportbereich (23 Prozent) oder Schauspielerinnen und Schauspieler (18 Prozent)[58]. Das Phänomen verdient es also durchaus, unter dem Aspekt der Mediennutzung von Jugendlichen näher und kritisch betrachtet zu werden.

Warum haben bestimmte YouTube-Nutzer einen derart großen Erfolg, dass ihre Profile bis zu 4,7 Millionen Follower und einzelne deutschsprachige Videos nahezu unvorstellbare 15 Millionen Aufrufe haben? Die individuellen Profile der derzeit wichtigsten YouTube-Stars sind unterschiedlich: Während Bianca Heinicke auf ihrem Kanal «Bibis Beauty Palace» Schmink-, Produkt- und Modetipps gibt (4,7 Millionen Follower, erfolgreichstes (Musik-)Video: knapp 50 Millionen Aufrufe), lädt der YouTube-Star Erik Range auf seinem Kanal Gronkh täglich Let's

Play-Videos hoch (4,7 Millionen Follower, erfolgreichstes Video: knapp 14 Millionen Aufrufe). Julien Bams Videos (4,5 Millionen Follower, erfolgreichstes Video: etwa 23 Millionen Aufrufe) nehmen die Themen Musik, Tanz und Lifestyle auf. Musikstars werden mittlerweile auf YouTube entdeckt: ApeCrime, eine deutsche Band mit bis zu 14 Mio. Aufrufen pro Video, haben im Jahr 2017 ihr zweites Studioalbum aufgenommen.

Anders als bei den klassischen Stars suggerieren die Social Influencer durch ihre persönlichen und authentisch anmutenden Einblicke ins Privatleben anhand von selbst erstellten Videos das Gefühl, dass jeder Nutzer und jede Nutzerin zu einem YouTube-Star werden könne. Die Stars scheinen durch die direkte Ansprache auf Augenhöhe nahezu Freunde zu sein, die Follower können aufgrund der Kommentarfunktion unter den Videos direkt ihre Meinung äußern, Videos liken oder disliken. Sie identifizieren sich mit den Betreiberinnen und Betreibern der Kanäle, denen sie folgen.

Was die Hauptzielgruppe zwischen 12 und 18 Jahren meist nicht weiß: Mit ihren Stars, mit den kostenfreien Videos, die sie mitunter täglich konsumieren, und somit auch mit ihnen werden Geschäft gemacht. Und das ziemlich erfolgreich.

Vor den Videos wird Werbung ausgestrahlt, von der die Videoproduzierenden profitieren, indem sie pro 1 000 Aufrufe je nach Vertrag zwischen einem und sechs Euro verdienen. Darüber hinaus nutzen Medienagenturen den YouTube-Markt durch bewusste Produktplatzierung effizient. Kaufentscheidungen werden vor allem auf persönliche Empfehlungen hin getroffen. Da es durch die Videos eine gefühlte Nähe zwischen Produzent und Follower gibt, werden diese emotionalen Bindungen für Werbezwecke genutzt. Die Videoproduzenten werden als Werbeträger eingesetzt. Ihnen werden Produkte zugeschickt, die sie in ihren Videos entsprechend aufnehmen – mit wirtschaftlichem Gewinn. Erfolgreiche YouStube-Stars erzielen dadurch im Jahr hohe sechsstellige Beträge an Werbeeinnahmen. Trotz klarer rechtlicher Regelungen ist für den Nutzer, den jugendlichen Follower, eine eindeutige Trennung zwischen Werbung, Schleichwerbung und persönlichen Meinungen in Tutorials nicht erkennbar. Was ist Fake und was nicht?

Durch die enorme Menge an täglich hochgeladenem Datenmaterial kann eine Kontrolle aller Inhalte nicht gewährleistet werden. Aus diesem Grund können nicht jugendfreie Videos über längere Zeit online sein, bevor sie gemeldet werden. Zudem wird vor einzelnen Videos oftmals Werbung eingefügt, die erst nach einigen Sekunden übersprungen werden kann. Auf den Inhalt der Werbung haben die Nutzer keinen Einfluss. Jugendliche sollten im Rahmen einer Erziehung zu digitaler Kompetenz die Manipulationsversuche im Rahmen der Videos selbst (er-)kennen und kritisch mit Empfehlungen und Hinweisen umgehen. YouTube ist, obschon es kostenfrei zur Verfügung steht, kommerziell. Der Nutzer bezahlt mittels seiner Aufrufe und seiner Gutgläubigkeit.

Die digitale Schule – mobile only!

Die dargestellte digitale Kommunikation hat pädagogische Folgen und Auswirkungen auf die künftige Gestaltung von Lehr- und Lernprozessen in der Schule. Digitale Schule bedeutet nicht nur, technisch möglichst gut ausgestattet zu sein, moderne Computerräume zu haben und möglichst viele Tablet-Klassen einzurichten, frei nach dem Motto *«Digital first»*. Digitale Schule bedeutet darüber hinaus, didaktische Konzepte zu entwickeln, die das Mediennutzungs- und Kommunikationsverhalten sowie den digitalen Alltag berücksichtigt, frei nach dem Motto *«Digital only»*.

Dass eine große Kluft zwischen dieser bedarfsgerechten Differenzierung einer digitalen Schule und der Schulrealität herrscht, verdeutlicht folgende Aussage von Eva Felgner, Lehrerin an einer Gesamtschule in Nordrhein-Westfalen:

«Was die Bereitstellung von Technik und neueren Medien betrifft, könnte man unsere Schule als ‹verschlafen› bezeichnen. In jedem zweiten Klassenraum steht noch ein Overheadprojektor. Zwar sind viele davon etwas verstaubt, doch sie werden nach wie vor genutzt und spiegeln so den Stand der Dinge an unserer Schule wider: Denn der Schulalltag an unserer Schule ist bisher lediglich in mittlerem Maße von der Nutzung digitaler Medien geprägt. Mit dem Geld, das unserer Schule in den letzten Jahren zur Verfügung stand, wurden für jeden Klassenraum Großbildschirme

angeschafft, die hinter den Tafeln installiert wurden. Seit kurzem gehört auch eine erste Dokumentenkamera zu unserem medialen Repertoire, mit der meines Wissens bisher jedoch kaum ein Kollege Berührung hatte. Es zeigt sich immer wieder, dass viele Kolleginnen und Kollegen sich noch immer sehr davor scheuen, alte Muster zu durchbrechen und sich mit den möglichen Vorteilen digitaler Medien zu beschäftigen.»

Dass digitale Medien für Jugendliche eher einen sozialen als einen technischen Charakter haben, sollten Lehrkräfte in ihrer Unterrichtsplanung und beim Einsatz digitaler Medien berücksichtigen. Es kommt nicht auf den Einsatz der modernsten Technik an – es kommt darauf an, die digitalen Kommunikationsstrukturen überhaupt aufzugreifen und für den Unterricht nutzbar zu machen.

Ein Beispiel, das ebendiesen sozialen Aspekt auf journalistischer Ebene aufnimmt, ist Novi. Novi ist ein Nachrichtendienst, entwickelt von Tagesschau und NDR, explizit für die Zielgruppe der 14- bis 29-Jährigen. «Im Unterschied zu klassischen Nachrichtenformaten liefert Novi die News im Stil einer Chatnachricht. Er erzählt die Nachrichten in knappen Texten, unterstützt durch kurze Videos, GIFs und Fotos und verweist auf die besten Hintergrundberichte im Netz. Ist ein Thema für die Nutzer nicht relevant, können diese einfach zur nächsten Nachricht wechseln.»[59] Novi kann über den Facebook Messenger oder aber in einer Web App genutzt werden. Dank des Nachrichtenbots erhält man über den Messenger zweimal täglich aktuelle Nachrichten.

Abbildung 21: Screenshot Novi als WebApp

Abbildung 22: Screenshot Novi im Facebook Messenger

Novi stellt sicherlich (und hoffentlich) nicht die einzige Zukunft der allgemeinen Informationsbeschaffung dar, spiegelt der Nachrichtenbot doch genau die in der Kritik stehenden Lesegewohnheiten wider, die digitale Medien mit sich bringen: durchscrollen von Nachrichtenüberschriften, keine argumentative Auseinandersetzung mit den Inhalten, keine Beschaffung von Hintergrundinformationen, Einbindung von Emoticons und GIFs. Klassischer Journalismus sieht in der Tat anders aus; dagegen trifft Novi jedoch gut das aktuelle Mediennutzungsverhalten der Jugendlichen. Eine Projektredaktion beim NDR stimmt über das Format hinaus die Themenauswahl und die jeweilige Aufbereitung genau auf die Zielgruppe ab. Somit bietet Novi im zielgruppengerechten Format einen ersten Zugang zu seriösen Nachrichten ohne Fakes und Hate Speech.

«Bullshiterkennungskompetenz» als Lösung für Schule und Unterricht?

Bei einer Befragung von über 1 000 Erwachsenen ab 18 Jahren im Auftrag des Branchenverbands Biotcom stimmten 86,6 Prozent der Befragten der Aussage zu, dass in sozialen Netzwerken gezielt Fake News verbreitet würden. Über 70 Prozent sehen einen grundsätzlichen Anstieg der Anzahl von Falschmeldungen gegenüber dem Jahr 2016 und vermuten als Absicht die Beeinflussung der öffentlichen Meinung[60]. Das Bewusstsein für die Existenz und Verbreitung von Falschmeldungen ist also durchaus gegeben. Wie sieht es unter Jugendlichen aus? Die Forderungen nach mehr Medienkunde und einer stärkeren Förderung der digitalen Kompetenzen werden zunehmend lauter, die aktuellen Curricula decken den Bedarf an Nachrichtenkompetenzen vor dem Hintergrund der Mediennutzungsverhalten nicht annähernd ab (vgl. Kapitel 4).

Der Publizist Milsocz Matuschek hat seine ganz eigene Meinung bei der Frage nach einer Förderung der allgemeinen Urteilskraft im Hinblick auf Informationen und Nachrichten. In seinen Augen liegt die Herausforderung weniger in der Existenz unseres postfaktischen Zeitalters («Postfaktizität ist Propaganda für Dummies») als vielmehr in der Tatsache, dass es eine bunte Palette an Manipulationsmöglichkeiten gebe, die der Mensch in seinem Alltag zu durchschauen habe. Und die können durchaus billiger sein als gewieft hergestellte Fakes.[61] Sein Lösungsansatz? Vertrauen wir auf unsere «Bullshiterkennungskompetenz»!

Vertrauen wir auf unsere Instinkte und auf unser Bauchgefühl, wenn wir spüren, veräppelt zu werden. Kommen wir auf das Beispiel der Whatsapp-Hoaxes zurück: Wie nur könnte die Hirnregion, die die Entscheidung verantwortet, dass der rechte Daumen den Weiterleitungsbutton eines sinnlosen Kettenbriefs gedrückt hat, in einem Zwiegespräch mit dem Verstand auch nur ansatzweise logische Argumente anführen, die Rückschlüsse auf den Wahrheitsgehalt des Briefes zulassen? Ausgedachte Kettenbriefe, die im Netz herumschwirren und zuweilen Sätze aus Horrorfilmplots beinhalten, haben keinen Einfluss auf mein reales Leben. Punkt. Sprechen wir also Kindern und Jugendlichen diesen Verstand ab, wenn wir behaupten, dass es ein fürchterlich langer Weg sein wird, bis Schülerinnen und Schüler in der Schule endlich die Kompetenzen erlernen können, die dem gegenwärtigen Medien- und Nachrichtenkonsum entsprechen? Es gilt, die ureigene Urteilskraft zu festigen und auf digitale Medien auszuweiten.

Sind es Kritiker oder Realisten, die festhalten:

«Nur braucht das absehbar Jahre, weil erst einmal den Lehrern beizubringen wäre, was selbst hochspezialisierte Medienforscher sich an gesichertem Basiswissen nur noch mühselig und partiell anzueignen vermögen. Denn auch sie hecheln beim Versuch, sich auf dem Laufenden zu halten, den überbordenden Innovationen im Netz und den zahlreichen einschlägigen wissenschaftlichen Publikationen hinterher. Das rasante Veränderungstempo reduziert ständig die Halbwertszeit von Kenntnissen und Erkenntnissen im Umgang mit digitalen Medien.»[62]

Dabei ist klar: Beide Feststellungen haben ihre Berechtigung. Wie können wir uns stetig auf unsere Urteilskraft besinnen, wenn es weder rational noch emotional stabile Orientierungspunkte gibt? Wenn wir Nachrichten erhalten, ohne zu wissen, warum wir diese erhalten (sollen)? Wenn wir Nachrichten erhalten, die derart polarisieren, dass man an der Urteilskraft des Verfassers oder der Verfasserin zweifelt?

Schülerinnen und Schüler zu befähigen, Fake News zu erkennen und im Allgemeinen kritisch mit analog wie digital verfügbaren Nachrichten umzugehen, bedeutet also, auf dem Selbstverständnis von Schulbildung aufzubauen, Schülerinnen und Schüler zu mündigen Bürgerinnen und Bürgern zu erziehen. Glaubt nicht alles, was Ihr lest – und vertraut auf euren Verstand!

Mit diesem Appell ist es selbstredend nicht getan.

Fake News kompetenzorientiert im Unterricht aufnehmen

Der Begriff «Fake News» kommt in den neusten Empfehlungen der Kultusministerkonferenz zur digitalen Schule nicht vor. Dennoch gibt es in jedem Kompetenzbereich Anschlussmöglichkeiten, um das Phänomen in die Förderung der digitalen Kompetenz einzubinden. Im Folgenden werden wir herausarbeiten, was man zum Erkennen und Verstehen von Fake News benötigt. Und wir zeigen zur Verdeutlichung jeweils praktische Beispiele und Strategien für den Unterricht. Bezugspunkt sind stets die Empfehlungen der deutschen Kultusministerkonferenz zur digitalen Bildung vom 8. 12. 2016[63]. Aus jedem Kompetenzbereich werden Beispiele zum Thema «Fake News» vorgestellt. So soll auch deutlich werden, dass die Thematik unter vielseitigen Aspekten aufbereitet werden kann.

Kompetenzbereich 1: Fake News suchen, auswerten und bewerten

Digitale Medien bieten die Möglichkeit, Schülerinnen und Schüler unter Berücksichtigung ihres Netzverhaltens lebensnah für einen kritischen Nachrichtenkonsum zu sensibilisieren. Im Folgenden sollen konkrete Beispiele aufgezeigt werden. Eine methodisch-didaktische Aufbereitung von einzelnen Beispielen stellt der hep-Verlag als Unterrichtsmaterial online zur Verfügung: www.hep-verlag.com/fake-news

Übung

«Fake News Check» (Google Play, App Store)

Der Verein «Neue Wege des Lernens e. V.» hat in Kooperation mit dem niedersächsischen Landesinstitut für schulische Qualitätsentwicklung eine kostenlose App mit dem Namen «Fake News

Check» entwickelt, mit deren Hilfe Nutzer Nachrichten auf potenzielle Fake News hin untersuchen können. Ähnlich wie bei analogen Checklisten werden die Nutzer durch 19 Fragen geführt, die sie vor dem Hintergrund der ihnen vorliegenden Nachricht beantworten müssen. Die Beantwortung erfolgt mittels eines Reglers, anhand dessen die Nutzer die Antworten prozentual angeben. Nach Beantwortung aller Fragen erscheint eine Einschätzung, ob es sich um Fake News handeln könnte oder nicht. Zugleich werden knappe Handlungsempfehlungen ausgesprochen.

Ausgewählte Fragen aus dem Fragenkatalog lauten:
1. Wie stark sind die Gefühle (z. B. Freude, Schadenfreude, Trauer, Angst oder Wut), die die Meldung in dir auslöst?
2. Wirst du in der Nachricht persönlich aufgefordert, sie in den sozialen Netzwerken zu teilen?
3. Wird angedeutet, es werde ein Geheimnis enthüllt oder etwas ans Licht gebracht, dass «die Medien» vor dir verbergen?
4. Bezieht die Quelle ihre Informationen aus unterschiedlichen Quellen?
5. Gibt es ein aktuelles Veröffentlichungsdatum?
6. Gibt es auf der Webseite ähnliche Artikel dieser Art oder viele Meldungen zu immer gleichen Themen?
7. Stimmt die E-Mail-Adresse zur Kontaktaufnahme mit dem Namen der Webseite oder dem Firmennamen überein?

Neben diesem Fragenkatalog gibt es ein Glossar, das über relevante Begriffe in diesem Zusammenhang aufklärt. Die App ist inhaltlich schnell erschöpft, da die abschließenden Einschätzungen aufgrund der Antwortmöglichkeiten in Tendenzen eher unverbindlich sind und die Handlungsempfehlungen sich wiederholen. Sie kann methodisch-didaktisch unter dem Gesichtspunkt eingesetzt werden, Schülerinnen und Schülern zum einen über digitale Medien den Zugang zu digitalen Inhalten zu vermitteln, zum anderen anzuleiten, über den Unterricht hinaus potenzielle Fake News zu überprüfen.

Übung
SWR Fakefinder (https://swrfakefinder.de)

Einen ähnlichen Ansatz verfolgt der SWR, der mit dem Fakefinder ein Online-Spiel entwickelt hat. Nach einer unkomplizierten Anmeldung durch Eingabe eines Namens werden den Nutzern Nachrichten eines virtuellen Freundes angezeigt, die in ihrer ästhetischen Aufmachung an Feeds sozialer Medien erinnern. Ein Teil der angezeigten Nachrichten ist seriös, ein Teil Satire, ein Teil sind Falschmeldungen. Der Nutzer bewertet anhand eines «Daumen-hoch»- beziehungsweise «Daumen-runter»-Buttons, ob es sich um Fake News handelt oder nicht. Unterstützung erhält er durch einen virtuellen Freund, der sich per Chat regelmäßig hinzuschaltet.

Abbildung 23: Screenshot Fakefinder.de

Der Nutzer sammelt mit jeder richtigen Antwort Punkte, die er nach Beendigung des Spiels über die bekannten sozialen Netzwerke Facebook, Twitter und Google+ teilen kann (vgl. Kompetenzbereich 2).

Den Schülerinnen und Schülern wird über die Gestaltung authentisch gezeigt, dass sie auch in ihren bekannten Online-Umgebungen, die sie eben nicht zwecks Nachrichtensuche nutzen, Fake News aufsitzen können. Zudem kann darauf verwiesen werden, dass Nachrichten durch die Scrollfunktionen durchaus auch unbewusst aufgenommen werden und sich Falschmeldungen im Kopf verankern können. Durch das Sammeln von Punkten entsteht der Reiz, das Spiel zu Ende zu führen und sich auch mit Freunden darüber auszutauschen.

Übung

Factitious (http://factitious.augamestudio.com)

Auch bei diesem Online-Spiel auf Englisch, entwickelt von dem JoLT-Team der American University, erhält der Spieler Nachrichten, bei denen er entscheiden muss, ob es sich um Fakes oder wahre Informationen handelt. Nach dem Lesen der Nachrichten kann der Spieler sich die jeweilige Quelle anzeigen lassen, bevor er eine Entscheidung trifft. Diese wird nach der Auflösung kurz erläutert.

Pro Spiel werden drei Runden durchlaufen. Ein Bleistift am oberen Bildschirmrand zeigt den jeweiligen Fortschritt innerhalb der Runden an. Am Schluss des Spiels gibt es eine Zusammenfassung, wie erfolgreich Fakes identifiziert worden sind.

Über ein auf der Seite integriertes Meldeformular kann jeder Spieler eigene Nachrichten vorschlagen, die in das Spiel aufgenommen werden sollen. Dafür ist es erforderlich, unter Angabe seiner E-Mail-Adresse die Nachricht samt Quelle und der Einschätzung hochzuladen, ob es sich um *real news* oder *fake news* handelt.

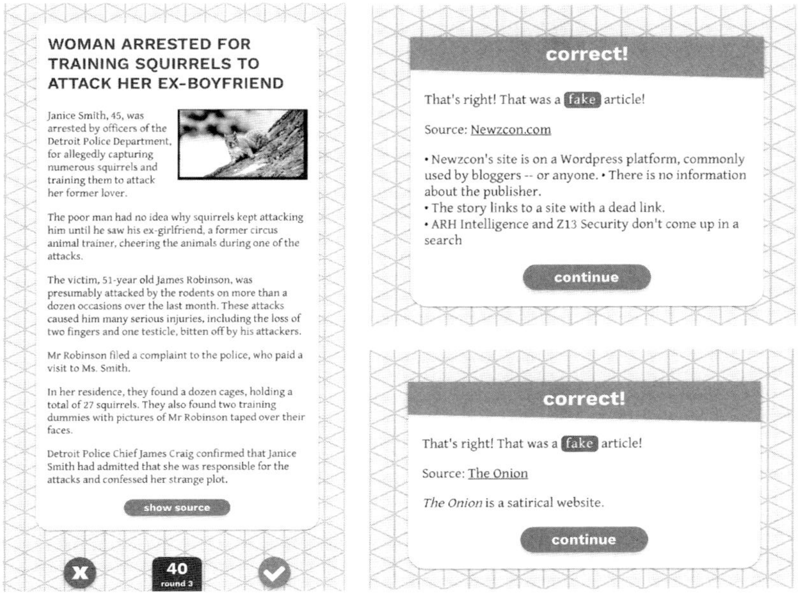

Abbildung 24: Screenshot Factitious

Übung
Faktenfinder Tagesschau (http://faktenfinder.tagesschau.de)

Mit dem Projekt Faktenfinder Tagesschau nähert sich die ARD journalistisch dem Thema «Fake News», um herauszufinden, «wie groß das Phänomen in Deutschland tatsächlich ist».

Insbesondere für Schülerinnen und Schüler höherer Jahrgangsstufen bietet die Webseite eine hervorragende Annäherungsmöglichkeit an seriöse Nachrichtenseiten und hochwertige Quellenrecherchen.

Die ARD wählt lokale wie überregionale Nachrichten aus, die das Potenzial zu Fake News haben, und entscheidet individuell über die Bedeutsamkeit einer Richtigstellung. Denn durch eine bewusste Thematisierung und Aufnahme bei Faktenfinder erfährt der Fake eine entsprechende größere Verbreitung und Aufmerksamkeit. Die Fakes werden journalistisch aufgearbeitet, Hintergründe erläutert und in einen breiteren Informationszusammenhang gestellt. Zudem erhält man unter dem Menupunkt «Tutorials» Kurzvideos und schriftliche Aufklärungen über manipulierte Fotos, Umgang mit Statistiken und andere Informationen.

Übung
Suchmaschinen und Datenbanken

Um konkret nach Fake News zu recherchieren, bieten sich sogenannte Hoax-Suchmaschinen an. Diese sammeln und speichern Falschmeldungen.

Mimikama. Erst denken, dann klicken (https://www.mimikama.at)
- Nach Themen sortierte Such- und Meldefunktionen;
- Themenauswahl: WhatsApp, Facebook, Kettenbriefe, Gewinnspiele;
- Die Fakes werden aufgedeckt, die Entstehungshistorie und bekannte Sachinformationen erläutert.

Wenngleich die grafische Aufmachung der Homepage aktuell weniger ansprechend ist, sind die Inhalte sehr hilfreich, um Schülerinnen und Schüler für aktuelle Fake News, Kettenbriefe, Abofallen und Ähnliches zu sensibilisieren.

HOAXmap. Neues aus der Gerüchteküche (https://www.hoaxmap.org)
- Deutschlandkarte, in der alle auf der Seite gemeldeten Gerüchte mit Datum, Ort und Kategorie versehen sind;
- Kategorienauswahl: Belästigung, Körperverletzung, Sexismus, Vergewaltigung, Mord/Totschlag;
- Gerüchte können neben der Übersichtskarte auch nach Bundesland, Orten und Kategorien gefiltert werden.

Anhand dieser Tools können Schülerinnen und Schüler gezielt Nachrichten auf ihren Wahrheitsgehalt hin untersuchen, Informationsquellen wie Informationen analysieren und kritisch bewerten. Sie dienen als Einstieg in die Thematik, da die Tools leicht zu bedienen und für jeden zugänglich sind.

Abbildung 25:Tagesschau-Faktenfinder (Quelle: http://faktenfinder.tagesschau.de/inland/jahr-der-fake-news-101.html)

Um Informationen und Nachrichten systematisch auswerten zu lernen, kann folgende Kopiervorlage genutzt werden.

Kopiervorlage
Wie erkenne ich Fake News?

	Fragen für die Bewertung von Informationen	Weiterführende Hinweise und Beispiele
Wer?	Wer ist der Autor? Was ist über den Autor bekannt? Ist der Autor ggf. Fachmann auf dem Gebiet?	Suchmaschinen nutzen, um weitere Informationen zu dem Autor zu erhalten. – Privatperson? – Behörden, Universitäten etc.? – Politische Parteien? → jeweils unterschiedliche Absichten hinter der Verbreitung von Nachrichten.
	Auf welcher Seite ist die Nachricht erschienen/eingebettet? Gibt es ein Impressum mit Ansprechpartner und Kontaktdaten?	Jede seriöse Internetseite hat ein Impressum! Wie wird die Seite ggf. finanziert? Stehen politische Positionen dahinter?
Wie?	Welches Format hat die Nachricht?	Tweet, Blog, Forum, Datenbanken, Wikipedia, div. soziale Netzwerke, Nachrichtenseiten ... → Durch die Nutzung von digitalen Medien können persönliche Meinungen (egal, welcher Couleur!) ungefiltert und unüberprüfbar verbreitet werden. *«Ich habe gehört, dass ...»*
	Wo ist die Nachricht veröffentlicht?	Gibt es Werbung auf der Seite? Öffnen sich eigenständig Fenster im Hintergrund? Werden die Nachrichten funktional und anwenderfreundlich veröffentlicht? Endet die Nachricht mit einem Cliffhanger? *«Du wirst nicht glauben, welche Geschichte sich hinter dem Bild verbirgt ...»*

	Fragen für die Bewertung von Informationen	**Weiterführende Hinweise und Beispiele**
	Wie professionell ist die Nachricht verfasst?	Ist die Nachricht aktuell? Ist die Nachricht in einem nachvollziehbaren Kontext eingebettet? Auf welche seriösen Quellen beruft sich die Nachricht? Bilder: Gibt es eine aussagekräftige Bildunterschrift? Kann die Aussage auf anderen Seiten/mit anderen Medien bestätigt werden? Ist das Bildmotiv ggf. auf anderen Seiten in gleicher Weise verfügbar? → Kann eine Bildbearbeitung ausgeschlossen werden? Werden bspw. schockierende Bilder eingesetzt, um Emotionen hervorzurufen, die eine sachliche Berichterstattung verhindern?
Warum?	Wer ist Zielgruppe der Nachricht?	Werden bestimmte Personenkreise ein- bzw. ausgeschlossen? Liegen Verallgemeinerungen oder Vorurteile bestimmten Personengruppen gegenüber vor? «*Alle Flüchtlinge sind …*»
	Wie ist der Schreibstil/Sprache?	Ist die Sprache sachlich oder werden bspw. Großbuchstaben verwendet, um Inhalte hervorzuheben? «*OMG... Du wirst nicht glauben, was DANN passierte …*» Stimmen Orthographie und Zeichensetzung? Ist die Nachricht sachlich informativ oder populistisch reißerisch? Werden Fachbegriffe verwendet? Liegt ein akademischer und/oder journalistischer Hintergrund vor? Liegen klare Wertungen vor?
	Sind die Quellen der Nachricht bekannt?	«*Eine Studie besagt …*»→ belegbar? Werden Ängste geschürt? «*Das ist eine Bedrohung für uns alle …*» Wird die Nachricht von anderen Quellen aufgegriffen/wiederholt?

Kompetenzbereich 3: Fake News und Hate Speech produzieren, rechtliche Vorgaben beachten

Neben den vorgestellten Apps, die es bereits gibt, um Fake News zu erkennen und zu bewerten, können Falschnachrichten mit Schülerinnen und Schülern eigens hergestellt werden. Das kann unter Einbindung von technischen Bearbeitungswerkzeugen geschehen, so dass gleichzeitig Methodenkompetenzen geschult werden. In einem klasseninternen Blog kann jede Schülerin und jeder Schüler einen Beitrag hochladen, der entweder nachweislich auf seriöse Quellen zurückzuführen oder aber schlichtweg frei erfunden ist. Anhand der Kopiervorlage «Wie erkenne ich Fake News?» (S. 102) werten die Mitschülerinnen und Mitschüler die Nachrichten aus und geben eine begründete Bewertung darüber ab, ob es eine echte Nachricht oder ein Fake ist. Der Blog kann nach der Übung auf vielfältige Weise weitergenutzt werden, etwa als Plattform für Unterrichtsdokumentationen, Unterrichtsaustausch, Materialupload, Kommunikation und zur Präsentation von Arbeitsergebnissen.

Die Schülerinnen und Schüler werden sensibilisiert, wie einfach und schnell Falschmeldungen ihren Weg ins Internet finden. Sie lernen, auch Sprachmittel, Orthographie, Vokabular und vergleichbare Kriterien bei der Bewertung von Nachrichten zu berücksichtigen. Zugleich bietet die Übung Anlass, um die rechtlichen Aspekte von Aktivitäten im Internet zu erläutern. Das Internet ist kein rechtsfreier Raum, auch wenn die Existenz von Hass und Hetze im Netz zuweilen diesen Anschein erwecken.

Das am 1. Januar 2018 in Kraft getretene Gesetz zur Verbesserung der Rechtsdurchsetzung in sozialen Medien (Netzwerkdurchsetzungsgesetz, NetzDG)[64] kann hervorragend mit Schülerinnen und Schülern aufgegriffen werden, um nicht nur das Gesetz, sondern auch den Umgang mit dem Gesetz zu besprechen. So dauerte es keine 24 Stunden, bis bei Twitter die ersten Accounts von AfD-Politikerinnen gesperrt wurden. Vor dem Hintergrund der Inhalte, die zuvor gepostet worden sind, kann zum einen das Gesetz auf seine Berechtigung hin diskutiert werden, zum anderen können die Tweets der zeitweilig gesperrten Politikerinnen auf sprachliche und inhaltliche Sachlichkeit wie Richtigkeit überprüft werden. In höheren Jahrgangsstufen

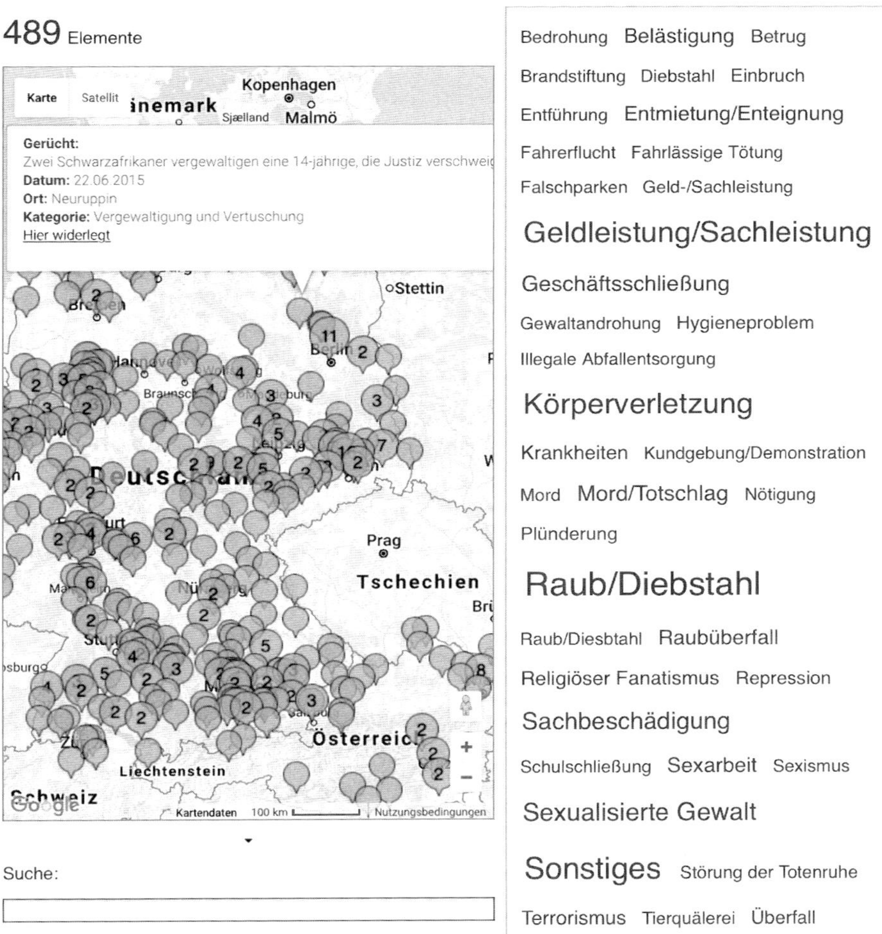

Abbildung 26: Hoaxmap.org, Neues aus der Gerüchteküche

kann die Frage diskutiert werden, inwieweit das automatische Löschen von Nachrichten im Internet und das Sperren von Accounts mit dem Recht auf Meinungsfreiheit zu vereinbaren ist.

Da Fake News im Internet nach Meinung des Gesetzgebers «als große Gefahr für eine ausgewogene und sachliche öffentliche Meinungsbildung empfunden werden (...) und der angerichtete Schaden in Form von Desinformation und Rufschädigung (...) häufig irreversibel ist»[65], wird das Verbreiten von Falschmeldungen bestraft. Verfasser von Fake News können zu Geld- oder gar Gefängnisstrafen verurteilt werden. Die Tatbestände reichen von übler Nachrede über Verleumdung bis zur Beleidigung. Beim Tatbestand der üblen Nachrede wird der Geschädigte verächtlich gemacht oder in der öffentlichen Meinung herabgewürdigt, indem Tatsachen behauptet oder verbreitet werden, die nicht wahr sind (§ 186 StGB). Weiß der Verfasser um den erdachten und unwahren Inhalt bei Verbreitung einer Nachricht, handelt es sich gar um Verleumdung. Auf Verleumdung stehen Freiheitsstrafen von bis zu fünf Jahren oder Geldstrafen.

Diese strafrechtlichen Hintergründe sind auch für das eigene Handeln in sozialen Netzwerken relevant, können auf diese Weise doch auf einfachem Wege Meinungsäußerungen kundgetan werden. So kann ein weitergeleiteter Facebook-Post durchaus weitreichende Folgen haben. Von Falschnachrichten Betroffene haben ein Recht auf Gegendarstellung und Berichtigung der in Umlauf gebrachten falschen Inhalte.

Übung
Strafbarkeit von Fake News

Mit Schülerinnen und Schülern kann die Thematik der Strafbarkeit so aufgegriffen werden, dass sie unterschiedliche Vorlagen von Fake News vor dem Hintergrund der relevanten Paragraphen des StGB deuten, Hintergrundinformationen sammeln und über die Strafbarkeit diskutieren.

Dabei können auch aktuelle Beispiele von Betroffenen herangezogen werden, über die im Internet Falschnachrichten verbreitet worden oder die Hass und Hetze ausgesetzt waren oder sind. Der Journalist Richard Gutjahr berichtet offensiv und ehrlich von seinen Erfahrungen, die er online seit dem Juli 2016 macht. Zufällig ist er in jenem Monat Augenzeuge des Terroranschlags in Nizza gewesen; wenige Tage später berichtete er für den bayerischen Rundfunk über die Schüsse am Olympia-Einkaufszentrum in München, da er bei diesem Vorfall ebenfalls vor Ort war. Seitdem ist er Zielscheibe von Verschwörungstheorien und Hasskommentaren: Auf Youtube, für Gutjahr als Diskussionsforum «die Kloake des Internets und Nährboden für rechte Bewegungen», zählte er fast achthundert Hassvideos über sich und seine Familie[66]. Gutjahr berichtet in seinem Blogeintrag «Unter Beschuss» von seinen Erfahrungen, von dem «nicht enden wollenden Shit-Tsunami», der persönlichen Ohnmacht im Umgang mit der digitalen[67] Hetze, von den Tätern und Opfern, seiner Einstellung zur Politik und dem NetzDG sowie von der Verantwortung der Konzerne. Der Kommentar und die authentisch geschilderten persönlichen Erfahrungen liefern einen wertvollen Beitrag zum gesamtgesellschaftlichen Phänomen und den zuweilen amateurhaften strafrechtlichen Reaktionen.

Ein Beispielkommentar aus Gutjahrs Beitrag:

[redacted] Seine reudige Drecksfamilie interessiert niemanden. Er ist ein dreckiger Hund, der ne Geheimdiensttante fickt und seine Kinder werden nicht besser sein. Er hat von dieser Scheisse gewusst und seine hässliche Fotze auch, die gehören gehängt und so wird es auch kommen! Die Welt erwacht und wir werden euch ficken! Drahtzieher wie Ja-Sager!

Like · Reply · Message · 👍 3 · July 26 at 2:59pm

Abbildung 27: Beispielkommentar aus Gutjahrs Beitrag

«Da gibt's dann oft die Vergleiche: Wenn du jemandem im Straßenverkehr den Vogel zeigst, dann kostet das 250 Euro, da kostet dann ein Gaskammervergleich halt auch 250 Euro, aber den Vogel, den ich auf der Straße jemandem zeige, den haben vielleicht drei Leute gesehen und in 20 Minuten wieder vergessen. Aber wenn jemand online Rufmord begeht, dann verfolgt der dich dein Leben lang, weil Google einfach nichts vergisst. Das hat einfach eine ganz andere Dimension und genau das, glaube ich, haben viele Staatsanwälte und Richter noch nicht begriffen. Du kannst mit einem Tweet theoretisch Leben zerstören, aber geahndet wird's wie ein besserer Strafzettel. Da sehe ich noch Riesendefizite.»[68]

Die noch unzureichenden Reaktionen auf Hasskommentare durch die Justiz und Konzerne ist eine Seite der Medaille. Um Fake News und Hate Speech im Allgemeinen zu unterbinden, bedarf es einer frühen Aufklärung auch über die individuellen Folgen von Nachrichten – für die Sender wie auch für die Empfänger.

Kopiervorlage
Zum Umgang mit Hate Speech

Inhaltliche Auseinandersetzung mit der Thematik	
Woran erkennst du Hate Speech?	Unsachliche Aussagen, Verwendung von Beschimpfungen, Drohungen und Demütigungen gegen eine Person, Beleidigungen, keine inhaltliche Auseinandersetzung mit einer Thematik, einfache Sprache.
Wie reagierst du?	Lass dich nicht provozieren und reagiere am besten gar nicht. Denn dadurch erhält der Sender der Nachricht Aufmerksamkeit, die er nicht verdient hat. Zudem kann es sein, dass es zu weiteren Hate Speeches kommt.
Persönliche Auseinandersetzung	
Nimm´s nicht persönlich, aber nimm deine Gefühle ernst!	Hate Speeches tun weh und sind verletzend. Es ist nicht einfach, schlimme Worte «abprallen» zu lassen und so zu tun, als wäre nichts gewesen. Und dennoch mach dir stets bewusst: Die Anschuldigungen und Behauptungen gelten nicht dir persönlich. Es sind oftmals Anfeindungen von Menschen, die selber viele Probleme haben und nicht wissen, wie und wo sie ihrem Frust Luft machen können.
Tausche dich mit deinen Freunden, deiner Familie, Bekannten aus!	Hate Speech ist durch die Möglichkeit der digitalen Kommunikation leider Alltag geworden. Was sich früher niemand zu sagen traute, wird nun einfach digital geschrieben. Du bist also ganz sicher nicht alleine mit deinen Erfahrungen und Gefühlen. Sich darüber auszutauschen und Mut zugesprochen zu bekommen, kann oftmals schon viel bewirken.
Nicht wegschauen!	Bekommst du mit, dass andere gemobbt werden? Liest du in einem Gruppenchat Nachrichten, die zwar nicht dir gelten, aber die du einfach nicht korrekt findest? Liest du Nachrichten, die jemanden angreifen und verletzen? Es ist nicht leicht, gegen Menschen etwas zu sagen, die sehr bestimmt auftreten. Und doch: Gegen Hate Speech müssen wir uns gemeinsam wehren! Trau dich, sprich mit deinen Freunden oder einem Erwachsenen über deine Beobachtungen, wenn du den Sender nicht direkt ansprechen möchtest.

Rechtliche Auseinandersetzung	
Nimm Beweismittel auf!	Wenn du Hate Speech mitbekommst, mach einen Screenshot davon, um diesen später Lehrkräften oder gar der Polizei zeigen zu können.
Erstatte Anzeige und melde deinen Fall!	Es kann sogar sein, dass es zu einer Strafanzeige kommt. Deine Eltern und Lehrkräfte werden dich beraten. Hate Speech ist kein Kavaliersdelikt – auch wenn der Thematik rechtlich noch viel zu wenig Aufmerksamkeit geschenkt wird. In jedem Falle setzt du dadurch eine klare Grenze für dich und Andere: Nicht mit mir!
Nutze Beratungsangebote und suche dir Hilfe!	Auf der Seite https://www.juuuport.de erhältst du anonym und online Beratung von Jugendlichen, die sich ehrenamtlich engagieren. Brauchst du Hilfe oder Rat bei Cybermobbing, Mobbing, Abzocke und Ähnlichem? Du kannst deine Fragen online stellen und erhältst meistens noch am gleichen Tag Antwort.

Kompetenzbereich 5: Problemlösen und Handeln

Unter diesen Kompetenzbereich fallen die Kenntnisse «Algorithmen erkennen und formulieren» mit den jeweiligen Unteraspekten:

- Funktionsweisen und grundlegende Prinzipien der digitalen Welt kennen und verstehen;
- algorithmische Strukturen in genutzten digitalen Tools erkennen und formulieren;
- eine strukturierte, algorithmische Sequenz zur Lösung eines Problems planen und verwenden.

Warum sind die genannten Kenntnisse relevant, um Fake News zu verstehen? Im Gegensatz zu früheren analogen Verbreitungsformen von Nachrichten erlauben Algorithmen heutzutage eine viel schnellere und zuweilen nicht steuerbare Verbreitung im Netz.

Was ist ein Algorithmus?

Algorithmen sind Handlungsanweisungen an den Computer. Anhand dieser Handlungsanweisungen werden Dinge ausgeführt, die wir von unserem Computer verlangen. Der Algorithmus löst also ein Problem für uns. Algorithmen, die zur Kategorie der künstlichen Intelligenz gehören, können durch das Netzverhalten des Anwenders lernen, indem sie das aus der

Historie des Netzverhaltens Gelernte in Form von Formeln speichern.[69] Die Formeln wiederum, die im Hintergrund ausgeführt werden, sorgen dafür, dass der Anwender immer personifizierter Informationen erhält. Inhalt des «Gelernten» ist im Grunde alles, was der Anwender im Netz an Indizien hinterlässt. So erlernen Algorithmen nicht nur Daten im Allgemeinen, «sondern auch etwas über Sie ganz persönlich: Welche Magazine, Foren oder sozialen Netzwerke bevorzugen Sie? Wann lesen Sie gerne welche Art von Information? Lesen Sie lieber lange Artikel mit viel Text oder kurze Texte mit vielen Bildern?»,[70] schreibt die Bayerische Landeszentrale für neue Medien. Aus dem vergangenen Netzverhalten lernt der Algorithmus einzuschätzen, wie das künftige Netzverhalten aussehen könnte. Entsprechend reagiert er, indem er einstige Handlungsanweisungen direkt ausführt und den Nutzer zu Handlungsanweisungen bringt, die den Algorithmus wiederum lernen lässt.

Folglich bewegen sich der Anwender und die Anwenderin zunehmend in seiner bzw. ihrer eigenen Filterblase – auch «Echokammer» genannt. Ihnen werden, durch Algorithmen gesteuert, Nachrichten und Informationen entsprechend ihrer vorherigen Suchanfragen und Interessen angezeigt. Diese bekräftigen ihre Meinungen, somit verringert sich die generelle Vielfalt auf bestimmte Aspekte, die eigene Überzeugung wird gefestigt.

Da zunehmend mehr Menschen ihre Nachrichten im Netz und nicht mehr aus Printmedien beziehen, ist es von entscheidender Bedeutung, zu wissen, welche Nachrichten erscheinen und warum. Stehen seriöse Printmedien für Objektivität und Qualität, gestaltet sich die Nachrichtenbeschaffung im Netz differenzierter. Achten Sie beim nächsten Surfen einmal bewusst auf die Werbebanner, die Sie auf seriösen Seiten rings um Ihre lesenswerte Artikel finden. Kommen Ihnen die angeworbenen Produkte bekannt vor? Haben Sie in Suchmaschinen danach gesucht, sind Sie in sozialen Netzwerken Verlinkungen gefolgt oder haben in News-Apps bestimmte Themen, die Sie interessierten, regelmäßig angeklickt? All diese Informationen werden aufgenommen und zu einem Inhaltsangebot zusammengeführt, das Sie offensichtlich interessiert und über das Sie auch künftig mehr erfahren möchten.

Übung
Algorithmen erkennen

Schülerinnen und Schüler recherchieren ihre Informationen etwa bei einer Referatsvorbereitung online und stellen über mehrere Tage regelmäßig entsprechende Suchanfragen. An dieser Stelle sind digitale Kompetenzen vonnöten: Schülerinnen und Schüler können:

- zwischen seriösen von unseriösen Webseiten differenzieren, indem sie die Web-Inhalte einer genauen Quellenrecherche unterziehen, die Autorinnen und Autoren von Inhalten benennen und als für die Thematik kompetent einordnen;
- Popup-Werbung auf algorithmische Strukturen zurückführen, indem sie die Werbeinhalte dem einstigen Netzverhalten zuordnen;
- digitale Werkzeuge bedarfsgerecht einsetzen, indem sie mittels unterschiedlicher Suchfunktionen Inhalte finden, ein geeignetes Präsentationstool für die Darstellung der Ergebnisse auswählen und die Ergebnisse aufbereiten.

Die Auswahl und Qualität der Inhalte und Tools werden nach dem Referat mit der Lehrkraft inhaltlich besprochen. Wer aber hat einen Überblick darüber, welche Werbung bei den Schülerinnen und Schüler künftig online erscheint, welche Spam-Mails sie erhalten und welche Profile ihnen in sozialen Netzwerken vorgeschlagen werden? Insbesondere bei sensiblen Themen wie Rechtspopulismus oder Rassismus darf die Wirkmacht von Algorithmen nicht unterschätzt und die Nachrichtenkompetenz der Schülerinnen und Schüler nicht überschätzt werden.

Social Bots

Eine weitere Dimension digitaler Verselbstständigung neben den Algorithmen sind die sogenannten Social Bots. Diese imitieren und übernehmen das digitale Kommunikationsverhalten von Personen. Das können automatische Antworten sein, die versendet werden («Vielen Dank für Ihre Anfrage. Wir melden uns schnellstmöglich zurück»). Das können aber auch ganze Chats sein, die durch Computerprogramme selbstständig geführt werden. Je nach «Intelligenz» des Roboters kann es zuweilen schwierig sein, zu erkennen, ob eine reale Person oder ein Bot kommuniziert[71]. Es gibt in sozialen Medien bereits eine kritische Masse an Userprofilen, die sogenannten Fake People, deren gesamte Kommunikation durch einen Meinungsroboter übernommen wird. Dadurch kann Meinungsmache im Netz betrieben werden, ohne dass der Urheber als solcher festzustellen ist. Häufig werden solche Userprofile eingesetzt, um rechte Propaganda im Netz zu betreiben[72].

Das bislang größte bekannte Bot-Netz ist bei Twitter identifiziert worden. Von über 350 000 Twitter-Bots wurden Zitate aus den Star Wars-Romanen getwittert. Die Fake-Twitter-Konten sind erst nach Jahren der Nutzung entdeckt worden, da viele Tweets aus menschenleeren Gegenden abgesetzt worden sind oder mitten im Satz abbrachen.[73]

Kopiervorlage:
Social Bots erkennen

	Thesen und Fragen, um einen Social Bot zu erkennen.	Hinweis auf einen Bot?
Wer ist es?	Die Person, die postet, ist bekannt.	×
	Der Profilname ist ein Fantasiename.	✓
	Der Profilname ist ein echter Name.	×
	Es sind Fotos mit einem echten Menschen zu finden.	×
	Es liegen keinerlei private Informationen zu Hobbys oder Ähnlichem vor.	✓
	Es gibt keinerlei konkrete Verbindungen/Freundschaften zu Profilen, die echt erscheinen.	✓
Wie ist das Verhalten?	Es gibt mehr als 50 Posts am Tag.	✓
	Es wird zu jeder Tages- und Nachtzeit gepostet.	✓
	Die Posts ähneln sich thematisch.	✓
	Wird mit einem kleinen Wortschatz gepostet?	✓
	Liegen Orthografiefehler vor?	✓
	Gibt es sehr schnelle Reaktionen wie Likes/Retweets?	✓
	Gibt es keine Antworten auf komplizierte Fragen?	✓

Quelle: In Anlehnung an http://faktenfinder.tagesschau.de/tutorials/social-bots-erkennen-101.html

Kompetenzbereich 6: Fake News analysieren, bewerten und reflektieren

«Wenn die Message stimmt, ist uns eigentlich egal, woher das Ganze kommt oder wie es erstellt wurde. Dann ist es auch nicht so tragisch, dass es Fake ist.»[74] Der Pressesprecher der AfD, Christian Lüth, findet recht eindeutige wie offenbarende Worte zur Qualität der Parteinachrichten (vgl. auch oben S. 47). Nicht nur, dass die AfD vorsätzlich Falschmeldungen zum Erreichen rechter politischer Ziele verbreitet, laut einer Studie der Stiftung Neue Verantwortung (SNV) sind zudem deren Anhänger deutlich anfälliger für Fake News als Wähler anderer Parteien und als der Durchschnitt der Bevölkerung[75] (mehr Informationen zur Studie auf Seite 48).

Hinzu kommt bei ranghohen AfD-Politikerinnen und Politikern eine ausgeprägte und stark polarisierende Affinität, soziale Netzwerke zum Erreichen der politischen Ziele einzusetzen.

Abbildung 28: AfD-Fake-News (Quelle: Screenshot Twitter, 05. 01. 2018)

Abbildung 29: AfD-Fake-News (Quelle: Facebook, Jörg Meuthen, 25. 10. 2017)

Übung
Kritischer Medienkonsum

Posts solcher Art können zur Förderung der Nachrichten- und Medienkompetenz von Schülerinnen und Schülern im Unterricht eingesetzt werden, um für einen kritischen Konsum zu sensibilisieren.

Die Schülerinnen und Schüler können:
- Gestaltungsmittel von digitalen Medienangeboten bewerten, indem sie ausgewählte Facebook-Posts von Politikerinnen und Politikern auf ihre Bild- und Textgestaltung (Einsatz von Sprache, Syntax, Semantik und Ironie) hin untersuchen und kritisch beurteilen;
- die interessengeleitete Setzung, Verbreitung und Dominanz von Themen in digitalen Umgebungen erkennen und beurteilen, indem sie ausgewählte Profile auf deren inhaltliche Fokussierung, Häufigkeit des Postens und sprachliche Gestaltung hin untersuchen und diskutieren.

Dass die Thematik relevant wie brisant ist, bestätigt auch SPD-Generalsekretär Lars Klingbeil. Im Gespräch mit den Autoren äußerte er sich zu der Frage, welche Bedeutung Fake News und Hate Speech in der Politik haben, eindeutig:

«Insbesondere die AfD zeigt eine sehr starke Präsenz in den digitalen Netzwerken. Deren Nachrichten sind leider oftmals absolut negativ geprägt. Dinge werden schlechtgemacht, ohne Lösungen anzubieten. Es wird kritisiert, falsche Informationen werden verbreitet, mit Halbwahrheiten argumentiert. Das führt natürlich zu einer starken Polarisierung, die Bürgerinnen und Bürger werden in diesen Netzwerken bewusst provoziert. Davon distanzieren wir uns ausdrücklich.»[76]

Kommentierte Linkliste zu Unterrichtsmaterialien

www.klicksafe.de

Die Landeszentrale für Medien und Kommunikation (LMK) Rheinland-Pfalz und die Landesanstalt für Medien Nordrhein-Westfalen (LfM) setzen gemeinsam die EU-Initiative klicksafe um. In der Handreichung «Knowhow für junge User. Materialien für den Unterricht» werden unter Berücksichtigung aktueller Studien in neun Bausteinen Materialien zum Mediennutzungsverhalten, zu Suchmaschinen, Herausforderungen im Netz, Fakes, Schutzaspekten und Regelungen für die Schule erarbeitet. Das Lehrerhandbuch ist in der Printversion äußerst umfangreich und beleuchtet unterschiedlichste Aspekte der Internetnutzung. Es kann kostenfrei heruntergeladen oder für einen Druckkostenbeitrag von 7,50 € online bestellt werden.

Die 16-seitige Broschüre «Fakt oder Fake? Wie man Falschmeldungen im Internet entlarven kann» bietet neben Sachinformationen zur Thematik zwei methodisch-didaktisch aufbereitete Unterrichtseinheiten. Die erste Unterrichtseinheit, betitelt mit «Fake News», ist für Schülerinnen und Schüler ab 14 Jahren vorgesehen und hat zum Ziel, dass diese Fake News entlarven können und Maßnahmen kennen, um gegen Falschmeldungen vorzugehen. Bei der zweiten Unterrichtseinheit zum Thema «Filterblase und Echokammer. Meinungsbildung im Zeitalter des Algorithmus» lernen Schülerinnen und Schüler ab 16 Jahren den Einfluss von Algorithmisierung auf (rechtspopulistische) Meinungsbilder kennen.

Grundsätzlich bietet die Webseite der EU-Initiative für mehr Sicherheit im Netz nicht nur quantitativ eine Fülle an Hinweisen, Tipps und Materialien. Auch die Qualität spricht für sich. Es stehen umfangreiche Materialien für Lehrkräfte, Elternarbeit, Eltern, Kinder und Jugendliche zur Verfügung. Sich Zeit zu nehmen, um das breite Angebot zu durchstöbern, lohnt sich.

www.medien-in-die-schule.de

Die Unterrichtsmaterialseite «Medien in die Schule» bietet laut Webseite zahlreiche Unterrichtsanregungen und mediendidaktische Werkzeuge zu den zentralen Medienarten und Medienformaten. Sie unterstützt Lehrende und Jugendliche bei der kompetenten Nutzung ihrer Leitmedien, will für Gefahrenaspekte sensibilisieren, Handlungsmöglichkeiten vermitteln und sie animieren, Medien kreativ für eigene Zwecke zu nutzen.

Eine als Download verfügbare Unterrichtseinheit ist betitelt mit «Hass in der Demokratie begegnen» und greift in vier Modulen die Themen Demokratie, Rechtsextremismus online, gruppenbezogene Menschenfeindlichkeit und Hate Speech auf. Zahlreiche Modulinhalte werden kostenfrei zur Verfügung gestellt. Die einzelnen Modulinhalte sind untergliedert in einzelne Unterrichtseinheiten, die zeitlich auf 20 bis 45 Minuten angelegt sind. Bei jeder Unterrichtseinheit werden kostenfreie und hochwertige Materialien zum Download bereitgestellt. So gibt es konkrete Hinweise, wie man mit Hate Speech umgehen und welche Regeln es «für das Überleben im digitalen Haifischbecken»[77] geben kann.

www.mediennutzungsvertrag.de
Die Webseite bietet die Grund- und Vorlage zum Erstellen eines individuellen Mediennutzungsvertrags. Zu Beginn wird die Zielgruppe abgefragt, für die ein solcher Vertrag abgeschlossen werden soll: 6- bis 12-Jährige oder 12+-Jährige. Im Anschluss können die Namen der Vertragspartner in die Vorlage, deren Gestaltungselemente nach persönlichem Geschmack geändert werden können, eingetragen werden. Dann geht es ums Wesentliche: Welche Regeln sind den Vertragspartnern wichtig? Die Vorlagen sehen folgende Kategorien vor: Regeln, zeitliche Regelung, Handy/Smartphone, Internet, Fernsehen/(Online-)Videos, digitale Spiele/Spielen, sonstige Verabredungen.

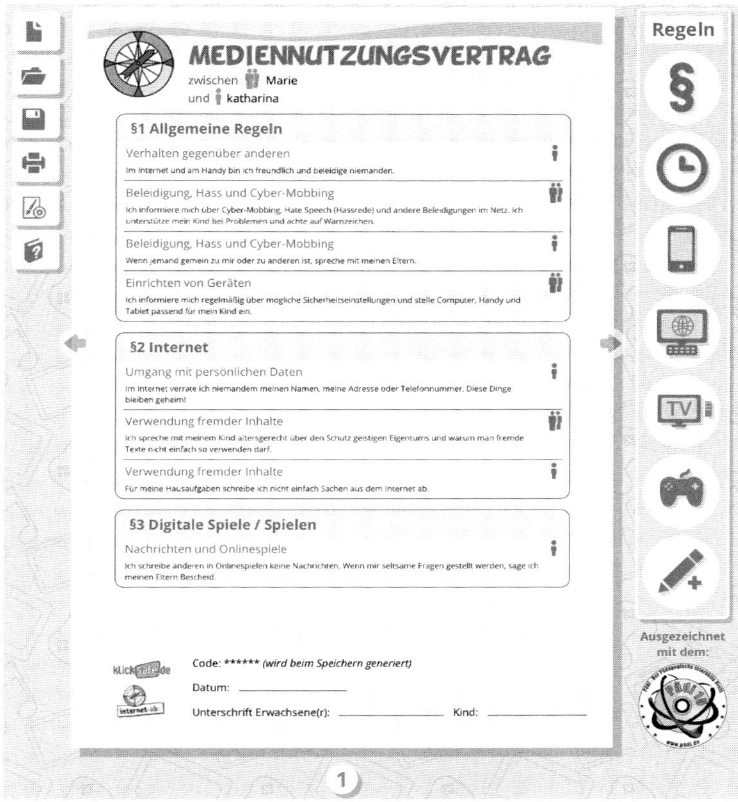

Abbildung 30: Mediennutzungsvertrag (Quelle: Screenshot Mediennutzungsvertrag)

Nach Einigung auf wesentliche Regeln kann der fertige Mediennutzungsvertrag gespeichert und ausgedruckt werden.

www.saferinternet.de

Das Österreichische Institut für angewandte Telekommunikation (ÖIAT) koordiniert seit 2005 die EU-Initiative saferinternet.at. Zielgruppe sind Kinder, Jugendliche, Eltern und Lehrende, die beim sicheren Umgang mit digitalen Medien unterstützt werden sollen.

Im Jahr 2017 wurde eine ausführliche Broschüre mit Unterrichtsmaterialien zum Thema «Wahr oder falsch im Internet? Informationskompetenz in der digitalen Welt» herausgegeben. Nach einer kurzen Einführung mit Nennung von zentralen Studienergebnissen werden in 17 Übungen praktische Handreichungen zum Umgang mit Nachrichten und Fake News gegeben. Die Übungen decken die Bandbreite von der Suchanfrage bis zur kritischen Bewertung von Nachrichten ab.

Insgesamt bietet die Broschüre sehr übersichtliche und vollständige Materialien mit Hinweisen zum Einsatz, praktischen Tipps und Dauer der einzelnen Übungen. Die ebenfalls vorhandenen Kompetenzhinweise beziehen sich auf die österreichischen Curricula, für einen Einsatz auf dem deutschen Markt müssten diese entsprechend angepasst werden.

www.irights.info
Auf dieser Informationsplattform werden Fragen zum Urheberrecht und weiteren Rechtsgebieten beantwortet. Hintergrundberichte, Nachrichten und Dossiers liefern die nötigen inhaltlichen Wissensgrundlagen. Rechtsratgeber, Leitfäden und Broschüren stehen kostenfrei zum Download bereit. Insbesondere die 2017 vollständig aktualisierte 68-seitige Broschüre «Spielregeln im Netz 1 – Durchblicken im Rechte-Dschungel» bietet zur Thematik passende Inhalte.

Aus dem Inhalt:
1. Datenschutz in Sozialen Netzwerken – Meine Daten gehören mir,
2. Urheber- und Persönlichkeitsrechte in Sozialen Netzwerken,
3. Cyber-Mobbing, Cyberbullying und was man dagegen tun kann,
4. Fremde Inhalte auf eigenen Seiten,
5. Kreativ, vielfältig und meistens verboten: Remixes und Mashups,
6. Youtube, kinox.to und Co. – Filme gucken im Internet,
7. Download auf Knopfdruck – Wie legal sind Filehoster?
8. Post vom Anwalt, was tun? Handlungsoptionen, Rechtslage und Vorgehensweise bei Abmahnungen.

Kapitel 4: Digital immigrants und early adopters

Warum digitale Kompetenzen für alle bedeutsam sind

Sind Sie ein digital immigrant?

Nehmen Sie sich einen Moment Zeit und beantworten Sie die folgende Fragen mit Ja oder Nein. Für jedes Ja zählen Sie einen Punkt.

1. Drucken Sie wichtige E-Mails aus, um damit weiterzuarbeiten oder um sie anderen zu zeigen?
2. Ist Lernen erfolgreicher, wenn keine «Störquellen» wie TV oder Musik nebenherlaufen?
3. Empfinden Sie paralleles Arbeiten und die ständige Bereitschaft zum Multitasking eher als anstrengend?
4. Beziehen Sie Ihre Informationen vorzugsweise aus Texten, weniger aus Grafiken und nehmen Sie sich die Zeit, auch längere Texte zu lesen?
5. Arbeiten Sie, wenn es die Zeit zulässt, Aufgaben bevorzugt Schritt für Schritt, individuell und ernsthaft ab?
6. Nutzen Sie bevorzugt Zeitungen, um tägliche Nachrichten zu erhalten und sich auf dem Laufenden zu halten?
7. Haben Sie schon einmal nach dem Absenden einer E-Mail den Adressaten angerufen, um zu fragen, ob dieser die E-Mail erhalten habe?

Wie viele Punkte haben Sie gezählt?

Je mehr Fragen mit Ja beantwortet wurden, desto mehr zählen Sie zu den sogenannten digital immigrants. Sie sind nicht mit digitalen Medien aufgewachsen, sondern brachten sich den Umgang mit digitalen Medien im Laufe Ihres Lebens selbst bei. Sie wuchsen in die digitale Welt hinein. Oftmals werden die Geburtenjahrgänge bis 1980 per se als digital immigrants bezeichnet. Alle später geborenen Menschen werden zu den sogenannten digital natives gezählt. Diese sind mit digitalen Medien aufgewachsen und dürften die Fragen, je jünger sie sind, desto häufiger mit Nein beantworten.

Das hat zur Konsequenz, dass zurzeit die Schülerschaft an Schulen digital natives, die Lehrerschaft zum großen Teil hingegen digital immigrants sind.

Diese Begrifflichkeiten zum unterschiedlichen Umgang mit digitalen Medien von Menschen unterschiedlicher Generationen wurden erstmal im Jahr 2001 von Marc Prensky formuliert.[78] Er wollte zeigen, dass Bildungssysteme nicht mehr den Lernbedürfnissen und Lernmöglichkeiten der nachwachsenden Generationen angepasst sind. So seien diese längst «native speakers of the digital language of computers, video games and internet». Deshalb appellierte Prensky an alle digital immigrants: Sie müssten sich, um anschlussfähig zu bleiben, auf die digital natives einstellen, indem sie selbst lernen, wie ihre Schülerinnen und Schüler (digital) kommunizieren.

Bevor wir zu einer inhaltlichen Ausgestaltung der begrifflichen Gegensätze digital natives und digital immigrants kommen, um dem Phänomen in Unterrichtssituationen gerecht werden zu können, sollten wir uns vergegenwärtigen, auf welche soziologischen Grundlagen wir mit dem Gebrauch dieser Termini zurückgreifen. Wenn wir wortwörtlich von einer Migration in die digitale Welt sprechen, die von denjenigen Personen vollzogen werden soll, die analog aufgewachsen sind, dann bedarf es für ein erfolgreiches Zusammenleben einer Integration dieser Generation. Denn eine Integration der digital natives in eine analoge Welt ist schlichtweg nicht möglich, da die Digitalisierung historisch unumkehrbar ist.

Was bedeutet das konkret? Integration umfasst mehrere Dimensionen, die auch im Kontext (schulischer) Denk- und Lernprozesse berücksichtigt werden müssen.

Die Gegenüberstellung zeigt, dass der digitale Graben zwischen den Generationen nicht so einfach zu überwinden ist, wie Prenksy einst formulierte. Ursache ist nicht – wie konstatiert werden könnte – ein Widerwille aller digital immigrants, sich aktiv mit der Förderung digitaler Kompetenzen zu beschäftigen. Vielmehr verdeutlicht die Gegenüberstellung, dass jede und jeder aus seinem bzw. ihrem soziokulturellen Kontext heraus handelt und die digitalen Medien als Medium der individuellen Interessenslagen und Fähigkeiten nutzt.

Dimensionen	digital immigrant	digital native
Sprache	Mit Akzent. Durch ihre natürlichen Denkweisen und Handlungsformen «outen» sich *digital immigrants*. Auch wenn sie sich die digitale Sprache aneignen, bleibt ein Akzent. Konkret: Der Briefverkehr ist durch E-Mails in weiten Bereichen abgelöst worden. Sie werden im geschäftlichen Bereich entsprechend förmlich gehalten und nach Erhalt durchaus auch ausgedruckt, um mit dem Schriftsatz analog weiterarbeiten zu können.	Akzentfrei. Die digitale Sprache wird von Geburt an gelernt, gleicht einer Muttersprache und wird entsprechend angewendet. Das Schreiben von E-Mails ist eine natürliche Form der Kommunikation. Wie bei einer direkten Kommunikation wird weniger Wert auf Formalia als auf einen bedürfnisorientierten Austausch gelegt.
Partizipation	Nutzung von Fernseher und Radio nach wie vor ausgeprägt, intensive Zeitungsleser. Internet für soziale Netzwerke und Informationen, regelmäßige Telefonkontakte. Konkret: Bestreben, durch die Nutzung sozialer Netzwerke aus reinen Onlinekontakten reale Face-to-Face-Kontakte zu machen. Geringere Kontaktfrequenz als *digital natives* und kleinere persönliche Netzwerke.	Seltener Nutzung von Fernseher und Radio, deutlich zurückgehende Nutzung von Printmedien. Starke Internetnutzung für Sendungen, Musik, soziale Netzwerke. Virtuelle Kommunikation ist gelebte Realität, dennoch erfolgt auch ein Pendeln zwischen Online- und Face-to-Face-Kommunikation. Soziale Medien sind Plattformen für Selbstdarstellung und für Mitsprache. «Die Währung im Bereich Social Media ist Aufmerksamkeit für die eigene Person. (...) Viele Freunde zu haben, bedeutet hohes Sozialprestige.»[79]

Dimensionen	digital immigrant	digital native
Werte *Zu berücksichtigen ist, dass die Studienergebnisse Ausdruck von Lebensalter und Lebenssituation der jeweiligen Gruppen sind.*	Altruistisch-soziale und konservativ-traditionelle Werte werden hochgehalten: Verantwortungsgefühl für Umwelt und Zukunft, Toleranz, Sicherheit, Disziplin, Leistung, Tradition etc. Ausgeprägte Sicherheits- und Statusbedürfnisse.	Hedonistisch-egoistische Werte unter den sozialen Netzwerkern: Abenteuer, Abwechslung, Autonomie, Selbstverwirklichung, Genuss etc. Man ist stark mit sich selbst beschäftigt und ichbezogen. Materielle Werte haben einen hohen Stellenwert, ebenso die eher traditionellen Wünsche nach Familienbildung und einer ökonomischen Stabilisierung.
Identifikation	Volle Ausnutzung der Internetmöglichkeiten: Kontakte mit anderen, Kommunikation, Transaktionen, Information.	Nutzung von vorrangig kommunikativen und unterhaltenden Aspekten im Netz. Permanent online erreichbar.
Bildung und Arbeitsmarkt	Konzentrationsfähigkeit, Durchhaltevermögen, Verlässlichkeit.	Schnelle Auffassungsgabe, anpassungsfähig, kurzes Durchhaltevermögen, schnell ablenkbar.
	Lebenslanges Lernen gewinnt an Bedeutung, dennoch Verlässlichkeit im Beruf. Berufliche Ausbildungen als Jobgarant. Digitale Bildung als neues Lernfeld, Einbindung in den Beruf, schwammige Grenzen zwischen Beruflichem und Privatem.	Wandel des Arbeitsmarktes durch Digitalisierung und Globalisierung. Künstliche Intelligenz wächst: keine Verlässlichkeit im Beruf; Wachstum des Niedriglohnsektors sowie des Dienstleistungssektors; berufliche Ausbildungen werden in ihrer Qualität beliebiger. Zunehmende Trennung zwischen Beruflichem und Privatem, natürliche Einbindung von digitalen Medien.
Soziale Medien	Facebook, Whatsapp	Youtube, Instagram, Snapchat, Whatsapp

Für Schule und Unterricht bedeutet das: Lehrkräfte unterrichten kompetenzorientiert vor dem Hintergrund ihrer fachlichen und methodisch-didaktischen Aus- und Weiterbildung. Digitale Medien werden zunehmend im Unterricht eingesetzt, wenngleich der didaktische Nutzen sicherlich so manches Mal (noch) hinterfragt werden kann. Schülerinnen und Schüler verwenden digitale Medien als natürliches Medium der Kommunikation und Informationsbeschaffung, müssen aber Kompetenzen erlernen, um qualitativ hochwertige Informationen zu erhalten, Fake News erkennen zu können und Kommunikationsregeln zugunsten eines sozialen Miteinanders einzuhalten. Es wird also weniger ein digitaler Graben als eine potentielle Ergänzung deutlich: Der zuweilen naiven Mediennutzung der jungen Generation – Wahrnehmung des Internets als rechtsfreien Raum, Freigabe von persönlichen Daten und kritische Kommunikationsformen – steht der fehlende Einsatz digitaler Medien aufgrund von mangelndem technischem Wissen gegenüber.

Es ist also wichtig, sich zu vergegenwärtigen, dass Jugendliche nicht einfach als digital natives bezeichnet werden können, ohne dass ihre digitalen Kompetenzen – von der kritischen Beschaffung seriöser Nachrichten bis hin zur verantwortungsbewussten und selbstkritischen Nutzung digitaler Möglichkeiten – überhaupt überprüft worden sind. Zugleich sind Lehrkräfte aus ihrem beruflichen Selbstverständnis heraus gefordert, diese Kompetenzen zu überprüfen. Auch können sie nicht pauschal als Berufsstand dazu verpflichtet werden, einen selbstverständlichen Umgang mit digitalen Medien finden zu müssen.

Eine solche Gegenüberstellung der Generationen gleicht einem Mythos, das bestätigen auch die Ergebnisse einer Studie zur digitalen Lehrerbildung aus dem Jahr 2017. Digital natives, auch «homo zappiëns» genannt, als digitale Alleskönner darzustellen, ist Ergebnis eines Propagandafeldzuges «by educational gurus, closely followed and reported on by the media (…) and dutifully parroted by educational policy makers at all levels»[80]. Die Generation der nach 1980 geborenen sei nicht in der Lage, mit modernen Technologien in der Art umzugehen, wie es ihnen oftmals zugeschrieben wird. Daraus ergeben sich negative Effekte für eine Generation, die permanent online ist und der man die Fähigkeit zu ständigem Multitasking unterstellt.

Laut einer Studie von Microsoft aus dem Jahr 2015 habe sich die menschliche Aufmerksamkeitsspanne durch Social Media auf durchschnittlich acht Sekunden verkürzt. Damit ist sie vier Sekunden kürzer als im Jahr 2000 und liegt mittlerweile unter der Aufmerksamkeitsspanne eines Goldfischs[81]. Klingt nach

Fake News? In der Tat darf der marketingtechnisch erfolgreiche Vergleich zur Tierwelt ebenso hinterfragt werden wie die mangelnde Berücksichtigung der Lernfähigkeit des menschlichen Gehirns. Unbestritten hingegen ist die Tatsache, dass die Konzentrationsfähigkeit durch die Nutzung digitaler Medien abnimmt. Zugleich findet Informationsbeschaffung häufig durch oberflächliche Recherchen statt, Artikel werden kaum gelesen, lange Texte eher gemieden, Headlines beim Scrollen überflogen. Der Nährboden für Fake News scheint optimal.

Besonders anfällig sind Kinder und Jugendliche, die sich früh an neue Technik wagen (oder denen ein Medienkonsum früh erlaubt wird) und die zu den – natürlich gibt es wieder einen passenden Anglizismus – early adopters gehören. Folgendes Beispiel soll verdeutlichen, wie unterschiedlich die digitale Sozialisation sein kann und welche Konsequenzen sich wiederum für pädagogische Handlungsräume ergeben: Mehr als die Hälfte der Jugendlichen und jungen Erwachsenen (54 Prozent) werden nach der DIVSI-Studie aus dem Jahr 2014 als souveräne oder pragmatische Internetuser bezeichnet[82]. Die Souveränen handeln als «junge digitale Avantgarde» und nutzen als «kulturelle Allesfresser» die ihnen zur Verfügung stehenden Möglichkeiten, um eine «Kultur des Tauschens und Teilens im Netz» aktiv zu leben. Streamen von Musik und Filmen stellt die häufigste Nutzungsart dar, Informationen werden aus dem Newsfeed gezogen. Eine Notwendigkeit, die digitalen Offerten auch finanziell zu entschädigen, sehen sie dabei oftmals nicht. Schließlich geben sie auch, wie sie nehmen: So halten sie es für nahezu selbstverständlich, dass persönliche Daten, die sie bei Facebook hochladen, weitergegeben werden (dürfen). Dass solche Einstellungen und Haltungen von souveränen Usern salonfähig werden, dafür sorgen wiederum die pragmatischen User. Wenngleich sie nicht zu den early adopters gehören, tragen sie durch ihre Netzverhalten entscheidend dazu bei, dass Trends massentauglich werden. Die Möglichkeiten, kostenlos zu streamen, werden nicht mehr kritisch hinterfragt, sondern freudig angenommen. 75 Prozent der Jugendlichen machen sich beim Posten und Versenden von Bildern keinerlei Gedanken um das Urheberrecht, nur 38 Prozent sorgen sich vor rechtlichen Konsequenzen bei der Bearbeitung von fremden Inhalten aus dem Internet[83].

Dieses Netzverhalten wird nicht generationsübergreifend mit demselben Eifer geteilt. Sven Regener, Autor und Sänger der Band «Element of Crime», Jahrgang 1961, findet in einem Radiointerview aus dem Jahr 2012 zum Thema Urheberrecht deutliche Worte und gibt sich erbost über die «Alles-umsonst-Mentalität»:

«Was wir im Augenblick haben, diese Sache mit Youtube, da muss man mal die Fronten klarmachen: Wir sehen nicht ein, dass Milliardengeschäfte gemacht werden, auch mit Werbung, und wir kriegen davon nichts ab, wir sind sozusagen die Penner in der letzten Reihe. Das ist eine Unverschämtheit. Das sollte sich jeder, auch junge Menschen, überlegen, ob er sich wirklich zum Lobbyisten eines so milliardenschweren Konzerns wie Google machen möchte. Ein Geschäftsmodell, das darauf beruht, dass die, die den Inhalt liefern, nichts bekommen, das ist kein Geschäftsmodell, das ist Scheiße.»[84]

Wir sollten das Beispiel nicht als eine beleidigte Reaktion von Kulturschaffenden verstehen, sondern als Anlass zur Frage, ob hieran nicht die Divergenz in der digitalen Sozialisation deutlich wird: Kinder und Jugendliche, die mit der Selbstverständlichkeit aufwachsen, dass Musik und Videos kostenlos heruntergeladen werden können, hinterfragen diesen Umstand nicht.

Sie wachsen auch mit dem scheinbar natürlichen Vorhandensein von Fake News auf, woraus sich die Frage ableitet, wie selbstverständlich solche Falschmeldungen auch beim Lesen von Nachrichten konsumiert werden. Bei einer Studie mit über 1 000 Befragten ab 14 Jahren stimmte eine große Mehrheit der Aussage zu, dass es für Internetnutzer schwer sei, den Wahrheitsgehalt einzelner Meldungen zu überprüfen. Und 90 Prozent betonten die Bedeutsamkeit, dass Internetnutzer lernen müssten, wie sie Fake News erkennen können.[85] An dieser Stelle ist das Bildungssystem in Gänze gefordert:

Die Fähigkeit, kritisch mit Nachrichten und Informationen umzugehen, um Fake News erkennen zu können, muss in den Kerncurricula verankert werden. Das ist eine Aufgabe für die ***Bildungspolitik***.

Lehrkräfte müssen selbst nicht nur um das Phänomen Fake News wissen, sondern auch die Möglichkeiten der Verbreitung in digitalen Kontexten kennen. Mit welchen Interessen entstehen Fake News und wie können sie in digitalen Kontexten verbreitet werden?

Kinder und Jugendliche handeln zunehmend in digitalen Räumen. Es ist auch Aufgabe der *Eltern*, diese nicht nur in realen Räumen zu erziehen, sondern ihnen auch Kompetenzen zur digitalen Kommunikation zu vermitteln.

Ein kritischer und bewusster Umgang mit Medien ist keine neue Forderung, erfährt durch die Digitalisierung aber die Notwendigkeit eines schärferen Blicks. Da Medien die Macht haben, gesamtgesellschaftliche Meinungen zu beeinflussen, ist im Umkehrschluss auf die gesamte Gesellschaft gefordert, sich gegen (digitale) Meinungsmache und Bevormundung zu wehren.

Generationsübergreifend lässt sich eine Schnittstelle finden, die unabhängig von begrifflichen Zuschreibungen gesamtgesellschaftlich angestrebt werden muss: die Förderung eines kritischen, bewussten und kompetenten Umgangs mit digitalen Medien. Das bedeutet: Eine Anpassung an das Netzverhalten und den Medienkonsum der nachfolgenden Generation führt nicht automatisch zu einem kompetenten Umgang mit digitalen Medien. Vielmehr zeigt sich, dass der Zugang und der Umgang zwar anders, aber eben nicht besser oder schlechter ist.

Zusammengefasst:

1. Kinder und Jugendliche sind in der Nutzung digitaler Medien quantitativ, nicht aber qualitativ überlegen: Sie kommunizieren digital, das Potenzial zur Informationsbeschaffung wird aber in der Regel nur auf einem unzureichenden Niveau ausgeschöpft.
2. Medienkompetenz wird nicht durch den bloßen Umgang mit analogen und digitalen Medien erreicht: Auch digital natives brauchen eine methodisch-didaktische Anleitung. Damit ist Medienkompetenzförderung wichtiger denn je und längst eine fächerübergreifende Aufgabe für jedes Alter.
3. Um Informationen zielführend online zu suchen, zu filtern und sich Wissen anzueignen, bedarf es eines Vermögens der Qualitätskontrolle, das curricular verankert sein muss. Nur so können die qualitativ hochwertigen und «richtigen Fakten» von Falschmeldungen unterschieden werden.

4. Lehrkräfte sollten Kinder und Jugendliche für die Fülle der Bezugsquellen und dafür sensibilisieren, dass sich Multitasking negativ auf Lernleistungen auswirken kann. Auch im digitalen Zeitalter ist es bedeutsam, sich über einen längeren Zeitraum hinweg auf bestimmte Lerninhalte fokussieren zu können.

Medienkompetenz? Digitale Kompetenz? Digital Literacy? Ein Begrifflichkeiten-Tohuwabohu und dessen curriculare Einordnung

Medienkompetenz

Im Folgenden soll eine kurze Darstellung der bildungspolitischen Situation Aufschluss geben über die Möglichkeiten und Grenzen der Förderung medialer und digitaler Kompetenzen, so wie sie die Kerncurricula vorschreiben.

Der Umgang mit Computern, Computerprogrammen und digitalen Medien wurde gemeinhin unter dem Begriff der Medienkompetenz subsumiert. Schulische Konzepte zur Ausgestaltung von Medienkompetenz liegen seit Jahrzehnten vor und sind als Phänomen somit nichts Neues. Medienkompetenzförderung findet schulformübergreifend als Querschnittsaufgabe zum Fachunterricht statt. Im Schulgesetz des Landes Nordrhein-Westfalen beispielsweise heißt es in § 2, es sei Bildungs- und Erziehungsauftrag der Schule, dass Schülerinnen und Schüler insbesondere lernen sollen, «mit Medien verantwortungsbewusst und sicher umzugehen»[86].

Die Kultusministerkompetenz hat laufend Beschlüsse zur Medienbildung in Schulen herausgegeben:

1979 *Empfehlung der Lehrerbildung auf dem Gebiet der Medienpädagogik (Beschluss der KMK vom 26. 10. 1979).*

1983 *Schulische Maßnahmen zur aktuellen Entwicklung am Videomarkt (Beschluss der KMK vom 25. 11. 1983).*

1992 *Erklärung der Kultusministerkonferenz «Verzicht auf Gewaltdarstellung in den Medien» (Beschluss der KMK vom 26. 6. 1992).*

1995 *Medienpädagogik in der Schule (Erklärung der KMK vom 12. 5. 1995).*

1997 *Neue Medien und Telekommunikation im Bildungswesen (Beschluss der KMK vom 28. 2. 1997).*

Die zuletzt genannte Empfehlung hatte über 15 Jahren Bestand, bis im Jahr 2012 erklärt wurde, dass «neue technologische Entwicklungen wie Digitalisierung, Internet und die breite Verfügbarkeit mobiler Endgeräte die Medienwelt in der Zwischenzeit grundlegend verändert» hätten und dadurch[87] bedeutsame Auswirkungen auf den individuellen Mediengebrauch erkennbar seien. Soziale Netzwerke, eine Konvergenz alter und neuer, also analoger und digitaler, Medien sowie deren universelle Verfügbarkeit haben die Medienlandschaft derart verändert, dass die Beschlüsse nicht mehr zeitgemäß erschienen.

Sie wurden also allesamt ersetzt durch den Beschluss vom 8. März 2012 «Medienbildung in der Schule». Dieser stellt neben der Bedeutung von Medienbildung in der Schule auch konkrete Handlungsfelder vor und hebt vor allem insgesamt den Stellenwert der Medienbildung hervor: «Medienkompetenz ergänzt zeitgemäß die traditionellen Kulturtechniken und gilt in nahezu allen Bereichen allgemeiner und beruflicher Bildung inzwischen als unverzichtbare Schlüsselqualifikation»[88]. Die Begrifflichkeit der Schlüsselkompetenz nutzte auch die Europäische Union im Jahr 2007 und unterschied bei digitalen Kompetenzen die Bereiche Wissen, Fertigkeiten und Haltungen[89]. Die Kultusministerkonferenz hob hervor, dass Kommunikations- und Massenmedien die öffentliche Meinung beeinflussen können und gesellschaftliche Freiheit durch sie durchaus auch bedroht werden könne. «Mangelnde Medienkompetenz beschränkt die Möglichkeiten des Einzelnen zur politischen Mitwirkung und kulturellen Partizipation.»[90] Damit ist die Ausgangslage treffend beschrieben.

Wie aber gestalten sich medienpädagogische Kompetenzen im Konkreten? Sie sind in den verabschiedeten nationalen Bildungsstandards nur marginal benannt und beziehen sich stets auf die Nutzung von Medien im Unterricht. Ein Blick in ausgewählte Kerncurricula einzelner Bundesländer soll Aufschluss über den Medienanspruch in deutschen Schulen geben.

Hauptschule, Arbeitslehre, 7./8. Klasse, Nordrhein-Westfalen

«Die SuS sollen im Umgang mit Standardanwendungen sowie dem grundlegenden Aufbau eines Computers und seiner Periphe-

rie nachweislich vertraut (sein). Für Berufe im Büro stellen der Umgang mit einer Textverarbeitung und einer Tabellenkalkulation Basisqualifikationen dar.»[91]

Gymnasium, Deutsch, 8. Klasse, Nordrein-Westfalen

«Sie nutzen selbstständig Bücher und Medien zur Informationsentnahme und Recherche, ordnen die Informationen und halten sie fest; sie berücksichtigen dabei zunehmend fachübergreifende Aspekte (z. B. Zeitungen, Zeitschriften, Nachrichtensendungen, Rundfunk- und Fernsehangebote, Nachschlagewerke, Bibliotheken, Internet).»[92]

Gymnasium, Englisch, 6. Klasse, Nordrhein-Westfalen

«Selbstständiges und kooperatives Sprachenlernen: Hilfsmittel zum Nachschlagen und Lernen unter Anleitung nutzen (u. a. einfache zweisprachige Schülerwörterbücher, einfache Lernsoftware, Kassetten, CDs).»[93]

Gymnasium G8, Deutsch, Sek. II, Nordrhein-Westfalen

«Die SuS können (...) die Qualität von Informationen aus verschiedenartigen Quellen bewerten (Grad von Fiktionalität, Seriosität; fachliche Differenziertheit).»[94]

In allen untersuchten Kerncurricula der Bundesländer Bayern, Niedersachsen und Nordrhein-Westfalen wird die Vermittlung von Medienkompetenz als fächerübergreifende Aufgabe beschrieben. Und auch Befragungen von Kindern und Jugendlichen zeigen, dass die Lehrkräfte beim Umgang mit Standardanwendungen wie Power Point, Excel und Word selbstverständlich auch allgemeine Medienkompetenz vermitteln.

Allerdings herrscht keine Klarheit darüber, wie solche Lehrinhalte quantitativ eingesetzt werden sollen und inhaltlich genau festzulegen sind. Zudem hängt die Qualität der Umsetzung im Unterricht als Querschnittsaufgabe stark von den Haltungen und Kompetenzen der einzelnen Lehrkräfte ab. Was wird unter dem Begriff «Medium» verstanden? Es stellt sich die Frage, inwiefern die althergebrachte Idee einer allgemeinen Medienkompetenz den Anforderungen der Digitalisierung überhaupt gerecht werden kann. Grundsätzlich lässt sich in den Formulierungen der Curricula eine inhaltliche Diversität festhalten, die eines gemeinsam hat: Phänomene wie Fake News oder Hate Speech, die mittlerweile den medialen Alltag stark beeinflussen, werden in diesen Begrifflichkeiten nirgends aufgeführt. Das verwundert aufgrund der Aktualität der Begrifflichkeiten zunächst nicht. Dieser Umstand macht jedoch deutlich, dass Lehrkräfte individuell gefragt sind, darauf zu reagieren und die Kompetenz, kritisch mit Fake News umzugehen, nicht flächendeckend sichergestellt oder gar verordnet werden kann. Mit anderen Worten: Es kommt auf den einzelnen Lehrer, die einzelne Lehrerin an!

Digitale Kompetenzen in Deutschland

Der Begriff der Medienkompetenz und seine bisherige inhaltliche Fülle reichen nicht mehr aus, um die realen Anforderungen an Schule und Unterricht abzudecken. Diesem deutlichen Handlungsbedarf kam die Kultusministerkonferenz Ende des Jahres 2016 nach, indem sie die Empfehlung «Bildung in der digitalen Welt. Strategien der KMK» veröffentlichte. Auf etwa 50 Seiten werden der Bildungsauftrag an Schule und Hochschule sowie Maßnahmen zur Umsetzung im Setting einer digitalen Schule dargelegt. Im Gegensatz zu den in die Jahre gekommenen Ausführungen zur Medienkompetenz wird vor allem eins deutlich: Die «digitale Revolution», in der wir uns befinden, ist für das Bildungssystem nicht nur Chance, sondern sie stellt die Bildungsakteure auch vor große Herausforderungen, «weil sowohl die bisher praktizierten Lehr- und Lernformen sowie die Struktur von Lernumgebungen überdacht und neu gestaltet als auch die Bildungsziele kritisch überprüft und erweitert werden müssen. Herausforderung aber auch, weil dafür infrastrukturelle, rechtliche und personelle Rahmenbedingungen zu schaffen sind.»[95] Aus dieser Formulierung wird deutlich: Lehr- und Lernprozesse müssen wegen der aktuellen Entwicklungen grundlegend neu gedacht und durchdacht werden.

Zugleich kann, nein: muss diese Mammutaufgabe als Chance gesehen werden. So zweifeln Psychologen und Neurobiologen nicht erst seit dem Erstarken digitaler Medien am Erfolg von bisherigen Wissensvermittlungsprozessen in Schule und Hochschule. Ein prominenter Vertreter der Überzeugung, dass es an der Zeit sei, die Bildung zu revolutionieren, ist der Philosoph Richard David Precht. Bereits 2012 sprach er sich deutlich für eine Bildungsrevolution aus – ausdrücklich in Abgrenzung von den gescheiterten Versuchen wie «Bologna» oder der Einführung des Turbo-Abiturs. Ein Blick in die Historie zeigte: Bildungsrevolutionen sind stets Reaktionen auf oder Vorreiter für Prozesse, die das gesamtgesellschaftliche Zusammenleben entscheidend verändert haben. Dem digitalen Zeitalter kommt zweifelsohne eine solch weitreichende Wirkung zu.

Was sind digitale Kompetenzen?

Kompetenzen von Lehrkräften für das Unterrichten in einer digitalisierten Welt sind nicht synonym zu Medienkompetenzen zu verstehen, sondern bauen konzeptionell darauf auf.

In diesem Kapitel werden zunächst die bereits benannten Empfehlungen der Kultusministerkonferenz inhaltlich vorgestellt. Diese werden ergänzt durch das Rahmenmodell «Kernkompetenzen von Lehrkräften für das Unterrichten in einer digitalisierten Welt» der interdisziplinären Arbeitsgruppe mehrerer Universitäten im Kontext des Förderprogramms «Digitaler Campus Bayern».[96]

Die Kultusministerkonferenz formuliert sechs Kompetenzbereiche, die künftig für Lehrkräfte relevant sind:

1. Suchen, verarbeiten und aufbewahren.
   Suchstrategien in verschiedenen digitalen Umgebungen nutzen, relevante Quellen identifizieren, analysieren, kritisch bewerten und Daten sicher speichern können.
2. Kommunizieren und kooperieren.
   Mittels digitaler Werkzeuge situations- und adressatengerecht interagieren, die digitale Netiquette einhalten, digitale Medien zur Teilhabe an der Gesellschaft aktiv nutzen.
3. Produzieren und präsentieren.
   Mithilfe digitaler Medien Informationen, Inhalte und vorhandene digitale Produkte multimedial unter Beachtung der rechtlichen Vorgaben (Urheber- und Nutzungsrechte) aufbereiten.

4. Schützen und sicher agieren.
   Risiken und Gefahren in digitalen Umgebungen kennen, persönliche Daten und Privatsphäre schützen, digitale Technologien gesundheitsbewusst und für ein soziales Wohlergehen nutzen.
5. Problemlösen und handeln.
   Technische Probleme identifizieren, eine Vielzahl von digitalen Werkzeugen bedarfsgerecht einsetzen, selbstkritischen Umgang entwickeln, Algorithmen erkennen und formulieren.
6. Analysieren und reflektieren.
   Gestaltungsmittel von digitalen Medien kennen, Wirkungen von Medien in der digitalen Welt analysieren und konstruktiv damit umgehen, Vielfalt der Medienlandschaft kennen, verstehen und reflektieren.

Die einzelnen Kompetenzbereiche werden dabei als Zielkompetenzen verstanden. Um Schülerinnen und Schüler entsprechend zu befähigen, müssen natürlich auch die Lehrkräfte diese Kompetenzen haben, bevor sie sie vermitteln können. Daraus leiten sich für Lehrerinnen und Lehrer zwei Komponenten ab: die Wissens- und die Handlungskomponente.

Die Wissenskomponente umfasst folgende Aspekte[97]:

1. Medienbezogene informatische Kenntnisse, insbesondere der Umgang mit Hardware, Software und Internet im Unterricht, Konzeptwissen über Datenbanken und Algorithmen.
2. Medienbezogene pädagogisch-psychologische Kenntnisse, insbesondere Wissen über lernförderliche Aspekte digitaler Medien und wie man diese für die Unterrichtsgestaltung nutzbar machen kann.
3. Medienbezogene fachliche Kenntnisse, zum Beispiel Wissen über Stellenwert und Funktionsweise von Rechensystemen bei der Simulation neuronaler Netzwerke in der Biologie.
4. Medienbezogene fachdidaktische Kenntnisse, zum Beispiel Wissen über die lernförderlichen Potenziale von Schreibprogrammen im Kompetenzbereich «Schreiben» im Fach Deutsch.

Medienbezogenes Lernen ist also ein ganzheitliches Lernen, das Zeit und Geduld erfordert. Nach Aufbau der Wissenskomponente entwickeln Lehrkräfte medienbezogene Lehrkompetenzen: Planung und Entwicklung von digital gestütztem Unterricht, Einbezug digitaler Medien in den Fachunterricht, Evaluation von Effekten des Einsatzes digitaler Medien, Reflexion und Austausch im Rahmen einer kollegialen Kooperation. Digitale Medien werden so zunehmend natürlich in Unterrichtsprozesse eingebunden.

Sind digitale Kompetenzen Schlüsselkompetenzen?
Ganz eindeutig ja, findet Ira Diethelm, Professorin für Didaktik der Informatik an der Universität Oldenburg:

«Jeder Mensch sollte über digitale Kompetenzen verfügen, um als mündiger Bürger die Demokratie verteidigen zu können. Wenn ich wählen gehe und sich die Politiker über Netzneutralität, vorhersagende Polizeiarbeit oder selbstfahrende Autos streiten, ich aber nicht weiß, was es damit auf sich hat, wird es schwierig, verantwortungsvoll seine Stimme abzugeben. Es ist beispielsweise schon wichtig zu wissen, dass es Probleme gibt, für die man keine Computerprogramme schreiben kann. Kein Computerprogramm kann mir sagen, ob mein Rechner abgestürzt ist oder nicht. Das gibt es nicht. Und wenn ich das weiß, dann denke ich vielleicht über selbstfahrende Autos anders nach als zuvor. Ich stelle mir dann auch moralische Fragen. Wer programmiert einen Algorithmus und wie soll Letzterer darüber entscheiden, welches Kind umgefahren wird, wenn ein selbstfahrendes Auto nicht mehr rechtzeitig bremsen kann? Das Beispiel macht deutlich, dass die informatischen Kenntnisse einen Teil der Allgemeinbildung ausmachen, die eben auch philosophische, psychologische und viele weitere Aspekte umfasst.»

Digitale Kompetenzen in der Schweiz
Nach einer dreijährigen Erarbeitungsphase hat die Deutschschweizer Erziehungsdirektoren-Konferenz (D-EDK) im Jahr 2014 den Lehrplan 21 vorgestellt, der als erster gemeinsamer Lehrplan für die Volksschulen aller 21 deutsch- und mehrsprachigen Kantone anzusehen ist. Fast alle Kantone haben derweil

neue Lehrpläne beschlossen, die vor dem Hintergrund der eigenen Rechtsgrundlagen auf dem Lehrplan 21 basieren.

Der Lehrplan ist in drei Phasen untergliedert, die alle Klassenstufen bis zum Ende der Sekundarstufe I berücksichtigen. Neben den fachlichen Modulen, die den einzelnen Phasen zugrunde liegen, gibt es vier überfachliche Module, deren Inhalte in allen Jahrgangsstufen vermittelt werden sollen. Eines davon lautet «Medien und Informatik».

Damit macht die Schweiz vor, was in Deutschland bislang lediglich als Empfehlung veröffentlicht worden ist: Medien- und informatische Kenntnisse zählen zu den Grundfertigkeiten, die es in der Schule zu lehren und zu lernen gilt.

Die Online-Version des Lehrplans 21 zeichnet sich durch direkte Querverweise zu den einzelnen Fächern aus, in denen die formulierten Kompetenzen fachspezifisch ergänzt werden. Dennoch ist auch hier festzustellen: Fake News tauchen nicht auf. Allerdings gibt es Formulierungen zu einem kritischen Nachrichtenkonsum, der Fake News zugrunde liegt: «Die Schülerinnen und Schüler können Informationen aus verschiedenen Quellen gezielt beschaffen, auswählen und hinsichtlich Qualität und Nutzen beurteilen.»

Die Schweiz also als Vorbild für die Curricula deutscher Schulen? Digitale Bildung ist als eigenständiger Lernbereich eingerichtet worden, zugleich ist es Aufgabe aller Fächer, fachliche Bezüge zur digitalen Bildung zu integrieren. In dieser Kombination aus einem eigenständigen Lernbereich und fächerübergreifenden Bezügen erfolgt digitale Bildung kontinuierlich über alle Schulstufen für alle Schülerinnen und Schülern. Dieses Schweizer Modell entspricht den Forderungen der deutschen Gesellschaft für Informatik e.V. in der sogenannten Dagstuhl-Erklärung «Bildung in der digitalen vernetzen Welt».[98] Die Forderungen basieren auf dem Verständnis, dass digitale Bildung aus drei Perspektiven differenziert betrachtet werden muss:

Abbildung 31: Digitale Bildung aus drei Perspektiven (Quelle: Gesellschaft für Informatik 2016, S. 3)

Die Begründung einer solch differenzierten wie wechselseitigen Betrachtungsweise lautet: «Schüler_innen sollen dazu befähigt werden, selbstbestimmt mit digitalen Systemen umzugehen. Dies erfordert, sie zu verstehen, zu erklären, im Hinblick auf Wechselwirkungen mit dem Individuum und der Gesellschaft zu bewerten sowie ihre Einflussmöglichkeiten zu sehen und nicht nur ihre Nutzungsmöglichkeiten zu kennen.»[99] Fake News sind klar an der Schnittstelle zwischen der anwendungsbezogenen und gesellschaftlich-kulturellen Perspektive anzusiedeln.

Anwendungsbezogene Perspektive:
Mit welcher Motivation werden Fake News verbreitet? Welche Werkzeuge gibt es, um Fake News effizient zu verbreiten?

Gesellschaftlich-kulturelle Perspektive:
Welchen Einfluss haben Fake News auf das Informationsverhalten? Wie können Fake News erkannt und kritisch beurteilt werden? Wie kann eine angemessene Abgrenzung erfolgen? Welche digitale Informationskultur entsteht durch regelmäßige Falschmeldungen?

Die Konsequenz aus einer so verstandenen Querschnittaufgabe lautet: Im Rahmen der Lehramtsausbildung müssen unbedingt obligatorische Module eingeführt werden, die die angehenden Lehrkräfte digital bilden. Darüber hinaus muss es umfassende und kurzfristige Möglichkeiten zur Fort- und Weiterbildung für Lehrkräfte geben.

Digital Literacy – Kulturtechnik Computer?

Aufgrund der Selbstverständlichkeit der Nutzung digitaler Technologien im Alltag werden diese Kompetenzen oft auch als Kulturtechnik bezeichnet. Damit reihen sich digitale Kompetenzen bei den Fertigkeiten Lesen, Schreiben und Rechnen ein. Fähigkeiten im schriftlichen Ausdruck, Textverständnis und Sinnverstehen fallen im weiteren Sinne darunter.

Kulturtechniken ermöglichen eine gesellschaftliche und kulturelle Teilhabe und sind zum Erhalt einer Kultur notwendig. Die Verbindung der Begriffe «digital» und «literacy», zurückgehend auf das gleichnamige Buch von Paul Gilster aus dem Jahr 1997, verdeutlicht, dass digitale Kompetenzen zu den Kulturtechniken unserer Gesellschaften zählen.[100] Dass Computer keine Medien nur für Techniknerds und die Deutschen keine Technikmuffel sind, zeigen Studienergebnisse immer wieder: Knapp 80 Prozent der Deutschen ab 14 Jahren gaben bei einer Umfrage des Branchenverbands Bitcom an, digitalen Technologien positiv gegenüberzustehen. Kritische Äußerungen gehen dabei nicht auf eine grundsätzliche Ablehnung der Technologien zurück, sondern basieren auf dem Gefühl, den rasanten Entwicklungen nicht mehr folgen zu können und der Sorge, eine digitale Teilhabe zu verpassen[101]. Immerhin 87 Prozent der Gesamtbevölkerung Deutschlands nutzen mindestens einmal pro Woche das Internet. Der Internetkonsum hat sich in den vergangenen drei Jahren verdreifacht, die durchschnittlich verbrachte tägliche Zeit im Netz liegt nun bei 43 Minuten. Im selben Zeitraum ist der Anteil der Kinder im Alter von sechs bis sieben Jahren, die ein eigenes Smartphone besitzen, von 20 auf 38 Prozent gestiegen. Die Generation Z ist *always on*, Aussagen wie «ins Internet gehen» liegen ihnen aufgrund der ständigen Erreichbarkeit fern. Unterschiede zwischen den Generationen zeigen sich vor allem in der Wahl der Endgeräte. Klare Gewinner bei den Kindern und

Jugendlichen sind Smartphones und Tablets, während Laptops und Computer eher von den Generationen X und Y genutzt werden.

Diese Entwicklungen haben schon heute bedeutsamen Einfluss auf Erziehung und Bildung in der Schule. Neben den digitalen Fähigkeiten und Fertigkeiten ändern sich auch die Medien und Methoden im Unterricht – und sie müssen sich auch ändern. Zwei Drittel der Bundesbürger sprechen sich für eine größere Investition in digitale Schulbücher aus. «Obwohl digitale Medien längst auch zum Alltag der Jüngsten gehören, herrscht in der Schule meist noch die analoge Kreidezeit», sagt Bitkom-Präsident Achim Berg[102] – dessen berufsbedingtes Interesse an einer stärkeren Digitalisierung des Unterrichts man natürlich nicht ausblenden darf.

Der Umstand, dass digitale Technologien trotz dieser Entwicklungen und Debatten nur mühsam in den Unterricht Einzug finden, hat mehrere Gründe. Wegen der digitalen Schnelllebigkeit sind viele klassische Unterrichtsmaterialien, die den Lehrkräften derzeit zur Verfügung stehen, noch nicht auf Themen wie Fake News und Hate Speech ausgerichtet. Die didaktisch-methodische Aufbereitung von neuen Unterrichtsgegenständen muss also von den Lehrkräften geleistet werden, die aus Zeitgründen eher direkt einsetzbare Materialien bevorzugen. Da Fake News ein sehr aktuelles Phänomen sind, gibt es keine Erfahrungswerte eines nachhaltigen Lernens. Es scheint ein zweischneidiges Schwert zu sein: Auf der einen Seite gibt es eine gesunde Skepsis gegenüber thematischen und methodischen Neuerungen, die aus der eigenen Ausbildung und bisherigen Berufserfahrung nicht bekannt sind. Auf der anderen Seite gibt es natürliche Befürchtungen, von aktuellen Entwicklungen, die zumal als revolutionär bezeichnet werden, abgehängt zu werden.

Müssen in diesem Zuge nun alle Lehrkräfte zu IT-Experten werden? Ira Diethelm, die Oldenburger Informatik-Didaktikerin, hat eine klare Position:

«Das ist weder möglich noch nötig. Auch unsere Schülerinnen und Schüler müssen nicht plötzlich alle zu Programmierern werden. Es geht darum, bei den sich wandelnden Berufsfeldern grundlegende digitale Kompetenzen in der Schule und Hochschu-

le zu vermitteln, um technische Hintergründe im Allgemeinen verstehen zu können.»

Zu diesem Hintergrundwissen gehörten eben auch Grundfertigkeiten im Programmieren, sagt Ira Diethelm und verweist auf eine andere Technik: «Wir lernen schreiben und werden dennoch nicht alle Schriftsteller. Digitale Kompetenzen zählen mittlerweile zur Kulturtechnik unserer wie künftiger Gesellschaften.» Auch in der «Bildungsoffensive für die digitale Wissensgesellschaft» gehörten IT-Kenntnisse zu guter Bildung im 21. Jahrhundert:

«Und die Enquete-Kommission ‹Internet und Digitale Gesellschaft› hat bereits 2010 hervorgehoben, dass es nicht mehr ausreiche, zu wissen, wie man mit Microsoft Office einen Serienbrief erstellt. Es geht um die Sensibilisierung, wie Dinge aus unserem Alltag automatisiert funktionieren. Nicht darum, den Automatismus selber perfekt herstellen zu können, aber eben doch in Ansätzen. Mit der Bewusstseinsschaffung kann man bereits in der Grundschule beginnen. Die Kinder lernen spielerisch programmieren, damit sie vor allen Dingen auch die Angst vor dem Umgang frühzeitig verlieren und damit sie erkennen, dass Computer und Programme von Menschen gemacht werden, dass sie veränderbar sind.»

Wenn der Umgang mit Computern als Kulturtechnik angesehen wird, wie steht es dann um unsere Schriftkultur? Verlieren wir durch die Digitalisierung eine Fähigkeit, die sich die Menschheit über Jahrtausende hin angeeignet und überliefert hat? Zweifellos findet derzeit ein bedeutsamer Wandel in der Schriftkultur statt. Nicht nur die Kommunikationsmedien – analog und digital gleichermaßen – verändern sich, auch die inhaltliche Form ist nicht mehr die alte. Die schriftliche Kommunikation gleicht zunehmend der mündlichen. Emoticons sorgen für ein besseres Verständnis der Gesprächsinhalte «zwischen den Zeilen». Das führt zu einer quantitativ größeren Menge an Schriftverkehr – sich mündlich austauschen kann schließlich jeder, unabhängig von Orthografie, Qualität des Sprachausdrucks und Optik der Handschrift. Letztere übernimmt der Computer durch eine

Vereinheitlichung des Schriftbildes. Eine korrekte Ortografie ist in sozialen Medien weniger wichtig – Inhalte sind verständlich, ohne dass «Kontrollinstanzen» wie Lehrkräfte oder Eltern auf eine korrekte Rechtschreibung und Zeichensetzung pochen.

Umso schwieriger wird es, wenn sich hinter Formulierungen mit einem guten Sprachausdrucksvermögen und unter Berücksichtigung der Rechtschreibregeln Falschmeldungen von promovierten Politikern verbergen oder digitale Hetze betrieben wird.

Dabei besteht eine große Chance, im Netz abzufangen, was im Netz entsteht.

Die folgende Tabelle zeigt Beispiele, wie in unterschiedlichen Unterrichtsfächern sowohl im analogen als auch digitalen Zeitalter mit dem Unterrichtsgegenstand «politische Propaganda» beziehungsweise «Fake News» umgegangen werden kann. Diese Beispiele erheben keinen Anspruch auf methodisch-didaktische Vollständigkeit, sondern sollen Anregungen für vielfältige Anknüpfungspunkte sein. Konkrete Unterrichtsmaterialien können beim hep-Verlag online abgerufen werden: www.hep-verlag.com/fake-news

Abbildung 32: Beispielpost von Jörg Meuthen, MdB, AfD (Quelle: Facebook: 11. 11. 2017)

Deutsch Gesamtschule, 10. Klasse

Analog	Digital
Inhaltsbezogener Kompetenzbereich: Lesen – mit Texten und Medien umgehen.	
Kompetenzen: Die SuS untersuchen, reflektieren und bewerten die Verknüpfung von Informationsvermittlung, Meinungsbildung und Unterhaltung in Medien.[103]	
Fragestellung: Welche Glaubwürdigkeit haben unsere Medien?	
Methodik:	
Lesen von Zeitungen im Unterricht, die auf Fake News hin untersucht werden.*	Beispiele von Fake News werden über die verfügbaren digitalen Möglichkeiten wie soziale Medien und Nachrichtenseiten mit den Schülerinnen und Schüler ausgewertet.*
Vorteil:	
Die Nachrichtenqualität der ausgewählten analogen Medien kann im Allgemeinen aufgezeigt werden.	Durch die Häufung von Fake News in sozialen Medien erkennen Schülerinnen und Schüler Qualitätsunterschiede zwischen diesen und seriösen Nachrichtenseiten. direkte Partizipation bspw. durch *Bring your Own Device*. Lebensweltbezug, kritische Auseinandersetzung mit tagesaktuellen Themen.
Nachteil:	
Das Phänomen Fake News ist aufgrund der Qualitätssicherungsstufen keines, was gehäuft in analogen Medien auftaucht, und kann nicht entsprechend aufgearbeitet werden. Das Medium Zeitung entspricht weniger dem Mediennutzungsverhalten von Jugendlichen, eingeschränkte Lernmotivation.	Technische Voraussetzungen müssen gegeben sein.

Politik Realschule, 10. Klasse

Analog	Digital
Inhaltsbezogener Kompetenzbereich: Demokratie und sozialer Rechtsstaat.	
Kompetenzen: Die SuS erarbeiten die Darstellung der Interessengruppen in den Medien. Sie bewerten die Darstellung der politischen Parteien in den Medien.[104]	
Fragestellung: Wie nutzen politische Parteien klassische Medien zur Verbreitung ihrer Inhalte?	
Methodik:	
Schülerinnen und Schüler durchsuchen Zeitungen, Leserbriefe und seriöse Zeitschriften nach politischen Statements und nehmen eine Bewertung der Beitragsqualitäten vor.	Schülerinnen und Schülern untersuchen ausgewählte Posts von Bundestagsmitgliedern bei Twitter und Facebook. Sie überprüfen diese kritisch auf deren Kommunikationsstrukturen, Wahrheitsgehalt und bewerten sie vor dem Hintergrund einer sachlichen Nachrichtenlage. Im Anschluss diskutieren sie, welche Bedeutung diese Art der Meinungsmache für das politische Selbstverständnis im Land haben kann.
Vorteil:	
Die Nachrichtenqualität der ausgewählten analogen Medien kann im Allgemeinen aufgezeigt werden.	Schülerinnen und Schüler werden sensibilisiert für die Frequenz und Qualität von Nachrichten über soziale Netzwerke, indem sie nach Bild- und Textauswertungskriterien die Posts bewerten. Schülerinnen und Schülern lernen die unterschiedlichen Herangehensweisen bei der digitalen Verbreitung von Meinungen politischer Parteien kennen.
Nachteil:	
Die Phänomene Fake News und Hate Speech kommen aufgrund der Qualitätssicherungsstufen selten in analogen Medien auf und können nicht entsprechend aufgearbeitet werden. Das Medium Zeitung entspricht weniger dem Mediennutzungsverhalten von Jugendlichen, eingeschränkte Lernmotivation.	Keine bekannt.

Christian Lindner
Bundesvorsitzender

EINE NEUE GENERATION DEUTSCHLAND.
#NEUEGENERATION

DEUTSCHLAND GEHT ES GUT. Aber die gegenwärtige Stärke unseres Landes führt viele in der Politik in Versuchung, sich in der Komfortzone einzurichten. Wir wollen den Status Quo überwinden und die richtigen Weichen für die Zukunft stellen. Wir brauchen ein Deutschland der nächsten Generation. Eine neue Generation Deutschland, die dem einzelnen Menschen wieder mehr zutraut statt immer nur dem Staat. Wir meinen: Wenn Regierung und Parlament eines brauchen, dann frische Ideen. Das ist das Markenzeichen der FDP. Wir schlagen die Brücke zwischen Gesellschaft und Politik. Wir arbeiten an einer neuen Generation Deutschland, in der alte Ideen und schwach gewordene Konzepte durch neue ersetzt werden.

UMWELT- UND KLIMASCHUTZ ist eine wichtige Aufgabe der Politik, um die Lebenschancen zukünftiger Generationen zu sichern. Wir wollen global denken, Ökologie mit Wirtschaftlichkeit und Wohlstand miteinander vereinbaren. Die Energiewende muss zu einem gesamteuropäischen Projekt werden, mit einem starken EU-Emissionshandel.

WIR BRAUCHEN EINE WACHSTUMSAGENDA. Wir wollen dem Land seine bürokratischen Fesseln abnehmen, Arbeitnehmerinnen und Arbeitnehmer sowie den Mittelstand bei Steuern und Abgaben entlasten. Die Digitalisierung bietet große Chancen. Um sie nutzen zu können, brauchen wir eine leistungsfähige Gigabit-Infrastruktur.

WIR WOLLEN EIN WELTOFFENES DEUTSCHLAND. Die Zuwanderung muss aber geordnet und nach klaren Regeln erfolgen. Wir werden einen Gesetzentwurf für ein neues Einwanderungsgesetz in Deutschland in Bundesrat und Bundestag einbringen, damit wir endlich eine „Neue Generation Deutschland" werden.

WIR KÄMPFEN FÜR WELTBESTE BILDUNG und eine Reform des Bildungsföderalismus. Heutzutage konkurrieren nicht die Bundesländer untereinander, sondern Deutschland konkurriert mit anderen Staaten um die besten Köpfe.

WIR WOLLEN EIN STARKES EUROPA. Wir treten für mehr Europa und europäische Lösungen ein, wo es sinnvoll ist. Daher wollen wir eine echte Gemeinsame Außen- und Sicherheitspolitik, einen Energiebinnenmarkt, eine konsequente Haushaltsdisziplin und einen stabilen Euro ohne neue Schulden.

Abbildung 33: Beispielpost der FDP (Quelle: Twitter: 11. 01. 2018)

*** Vorsicht, «Googleifizierung»!**

Mögen Projekte wie «Zeitung in der Schule» aus der digitalen Brille heraus als überholtes Instrument angesehen werden, um Schülerinnen und Schülern Informationskompetenz beizubringen, bedarf es auch bei der digitalen Disruption eines kritischen Blicks. So ist das US-amerikanische Schulsystem für Google längst ein absatzstarker Verkaufsmarkt geworden, der bis zum Jahr 2020 die unvorstellbare Summe von 21 Billionen US-Dollar durch den Verkauf von Hard- und Software einbringen soll. Der pädagogische Mehrwert einer Einstellung «Hauptsache digital» ist vor dem Hintergrund einer fehlenden Absprache mit Bildungspolitikern, Erziehungswissenschaftlern und Lehrkäften dabei eher fragwürdig.

Die amerikanische Journalistin Natasha Singer schrieb für die New York Times einen Artikel mit der treffenden Überschrift: «How Silicon Valley Plans to Conquer the Classroom»[105]. Schulen mit digitalen Medien zu versorgen, um Schülerinnen und Schüler bestmöglich auszubilden, geschieht nicht aus einer altruistischen Motivation heraus. Schulen sind längst Zielgruppen einer professionellen wie finanzstarken Industrie geworden, die ihre Einsätze unter der unternehmerischen Lupe genauestens plant.

Anhand dieser Beispiele zeigt sich zum einen, dass Themen wie Fake News und Hate Speech, die vorrangig online auftreten, durch Lehrkräfte im Unterricht aufgenommen werden sollten – und zwar mithilfe digitaler Medien. Zum anderen gibt es bereits jetzt, obschon die Begrifflichkeiten Fake News und Hate Speech noch nicht in den Curricula vorkommen, zahlreiche Anschlussmöglichkeiten einer didaktischen Aufbereitung. Der Grund ist einfach: Fake News sind heute Teil des alltäglichen Medienkonsums, der sich zunehmend digital vollzieht. Versuche, die Phänomene komplett analog zu bearbeiten, dürften also wenig erfolgversprechend sein.

Fake News = Propaganda im Dritten Reich?

Auch im Fach Geschichte gibt es für das Thema hervorragende Möglichkeiten der Aufbereitung. Wie bereits im ersten Kapitel dargelegt, sind Fake News natürlich kein neues Phänomen. In einer von uns durchgeführten Studie mit 67 angehenden (60 Prozent) und aktiven (40 Prozent) Lehrkräften aus über 30 Städten Deutschlands und der Schweiz wurde die historische Anschlussfähigkeit mehr als deutlich. Inhalt der Studie war die Bedeutsamkeit von Fake News für die Schule. Der Altersdurchschnitt der Probanden lag bei 33 Jahren. Obschon sich fast drei Viertel der Befragten als digital natives bezeichneten, stimmte nur die Hälfte der Aussage zu, Informationen vorrangig über soziale Netzwerke und Internetportale zu beziehen. Einigkeit unter 86 Prozent der Befragten herrschte über die Altersstufen und Schulformen hinweg bei der Aussage: «Hate Speech, Fake News und ähnliche Phänomene in sozialen Netzwerken stellen eine Gefahr für politische Entwicklungen in Deutschland dar.» Je stärker die Gefahr wahrgenommen worden ist, desto eher wird der Umgang mit Fake News als eine für Lehrkräfte bedeutsame Umgangskompetenz angesehen.

In der Studie sollten die Teilnehmenden auch eine angebliche Fake-News-Definition auf ihre Stimmigkeit hin bewerten:

«Fake News müssen nichts mit der Wahrheit zu tun haben. Es geht nicht darum, objektiv die Wahrheit zu erforschen, um sie dann der Masse in doktrinärer Aufrichtigkeit vorzusetzen, sondern es geht darum, ununterbrochen der eigenen Wahrheit zu dienen. Es gibt fünf Grundsätze, wie Fake News wirkmächtig werden können: Erstens, Fake News sollen sich auf so wenig Themen und Schlagworte wie möglich beschränken. Zweitens, sie dürfen einen nur geringen geistigen Anspruch haben. Drittens, sie müssen auf das gefühlsmäßige Empfinden der Massen abzielen. Viertens, sie müssen Differenzierungen vermeiden. Fünftens, die zu transportierenden Glaubenssätze müssen fortwährend wiederholt werden.»

Fast 75 Prozent der Probanden stimmten dieser vorgegebenen Definition zu. In den Freitext-Antworten fanden sich Kommentare wie: «Fake News sind eher rechts anzusiedeln» und die vorgegebene Definition sei «viel zu akademisch → vereinfachen».

In der Befragung selbst wurde nicht aufgelöst, dass es sich bei der vermeintlichen Definition nicht um eine von Fake News, sondern tatsächlich um Auszüge aus Hitlers «Mein Kampf» handelt, in denen dieser von der anzustrebenden nationalsozialistischen Propaganda schreibt. Der im Original verwendete Begriff der «Propaganda» wurde in unserer Studie einfach nur durch den Begriff «Fake News» ersetzt.

Nicht erst durch dieses Auswertungsergebnis wird die Brisanz des Themas Fake News deutlich. Durch die Digitalisierung entstehen Möglichkeiten, Propaganda im altherkömmlichen Sinne zu betreiben, ohne dass sie als solche bezeichnet und kritisch betrachtet wird. Die Mechanismen also, um Menschen zu erreichen, scheinen sich nach diesem Umfrageergebnis kaum von denjenigen vor 80 Jahren zu unterscheiden. Nun darf keinesfalls der Schluss gezogen werden, dass jegliche Falschmeldungen im Netz rechtspopulistische Propaganda darstellen. Allerdings soll auf die Gefahr, die von solchen propagandistisch angelegten Falschnachrichten ausgehen kann, deutlich hingewiesen werden. Insbesondere Lehrkräfte sollten durch ihren Erziehungsauftrag eben auch auf diese Folgen der digitalen Kommunikation aufmerksam machen.

Eine solche curriculare Verankerung sollte laut weiterer Umfrageergebnisse unbedingt fächerübergreifend erfolgen und nicht etwa nur im Unterrichtsfach Informatik angesiedelt sein. 90 Prozent der Befragten sehen eine zeitgemäße Notwendigkeit, dass Lehrkräfte auf das Phänomen im Unterricht reagieren sollten. Vor dem Hintergrund dieser beiden Aussageergebnisse erstaunt es weniger, dass sich die Probanden auffallend häufig für ein freiwilliges Engagement (individuelle Weiterbildung, Wahlpflichtmodul im Studium und Ähnliches) durch die Lehrkräfte ausgesprochen haben.

Aufgrund der Trägheit des Systems und der Hürden in der technischen Ausstattung kommt es häufig zur subjektiven Wahrnehmung, dass die Lehrkraft auf sich allein gestellt ist, was den Einsatz von neuen Medien und Thematiken angeht.

Fortbildung statt Stopp: Die digitale Schule macht sich auf den Weg ...

Bei Evaluationen von Lehrerfortbildungen erweist sich immer wieder der Austausch unter den Teilnehmerinnen und Teilnehmern, unter den Lehrkräften als sehr konstruktiv und hilfreich. Gerade die Digitalisierung, die als Phantom durch die Schulen zu ziehen scheint, stets in den Köpfen der Anwesenden vorhanden, aber noch nicht in Gänze greifbar ist und dadurch Verunsicherung auslöst, fordert geradezu eine kollegiale Zusammenarbeit.

Themen wie Fake News und Hate Speech, gesamtgesellschaftliche Herausforderungen, die auch für Schule und Unterricht in der Form neuartig sind, deren didaktische Konzepte noch ausgearbeitet werden müssen oder wenig erprobt sind, sollten in der Aufbereitung und Bearbeitung nicht jeder einzelnen Lehrkraft überlassen werden. Gleichzeitig sind aber auch die Lehrkräfte gefordert, die vorhandenen Möglichkeiten des Austausches zu nutzen.

Schulintern – Schulentwicklungsprozess
Um die gesamte Institution Schule mit allen Akteuren auf einen einheitlichen digitalen Weg zu bringen, um alle Schülerinnen und Schülern zu einem kritischen Medienkonsum zu erziehen und digitale Kompetenzen zu fördern, ist ein ganzheitlicher Schulentwicklungsprozess notwendig. Ein solcher Prozess ist nicht von heute auf morgen zu planen und umzusetzen. Wird der Weg dennoch bestritten, partizipiert – und: profitiert! – das gesamte Kollegium.

Ein solcher Schulentwicklungsprozess erfordert mehrere Schritte, die gemeinsam durchlaufen, durchdacht und umgesetzt werden müssen[106].

(1) Zunächst geht es bei den ersten Sondierungen und Treffen um eine *Bestandsaufnahme der digitalen Schule*. Um einen Überblick über die vorliegenden Informationen zu erhalten, ist es hilfreich, das Thema der digitalen Schule weiter zu untergliedern. Ein Vorschlag ist:

(1.1) Technische Ausstattung und Umgang mit neuen Technologien:
In welchen Klassenräumen/Schulräumen ist welche digitale Grundausstattung vorhanden?

(1.2) Einsatz von digitalen Medien in Schule und Unterricht:
- Wie werden digitale Medien im Unterricht bereits eingesetzt?
- Welche Projekte hat es bereits gegeben, welche sind in laufender Planung?
- Welche didaktischen Aufbereitungen gibt es bereits zu Themen wie Fake News und Hate Speech?
- Wie wird das Mediennutzungsverhalten der Schülerinnen und Schüler in Unterrichtsprozessen berücksichtigt?

(1.3) Digitale Kompetenzen bei Lehrkräften und Schülerinnen und Schülern fördern:
- Welche Kolleginnen und Kollegen setzen sich besonders aktiv mit digitalen Themen auseinander und erweisen sich auf dem Gebiet kompetent?
- Haben Kolleginnen und Kollegen bereits an entsprechenden Lehrerfortbildungen teilgenommen und können als Multiplikatorinnen und Multiplikatoren fungieren?

- Welche besonderen Potenziale, die für den Prozess nutzbar gemacht werden können, sind bei den Schülerinnen und Schülern bekannt?

(2) Im Anschluss an die Bestandsaufnahme geht es darum, *Visionen und Ziele* zu entwickeln.

(2.1) Technische Ausstattung und Umgang mit neuen Technologien

- Welche Möglichkeiten stehen der Schule unter der gegenwärtigen Bildungspolitik zur Verfügung und wie möchten wir uns positionieren?
- Welche Medien sind für uns von besonderer Bedeutung?
- Welche analogen Medien können durch digitale Medien ergänzt oder gar ersetzt werden?

(2.2) Einsatz von digitalen Medien in Schule und Unterricht

- Netiquette erstellen: Wie gehen wir mit digitalen Medien in Schule und Unterricht um? Welche Regeln sind uns wichtig? Welche Meldesysteme gibt es bei Missachtung?
- Welche Prinzipien legen wir für Fake News und den Umgang mit Hate Speech fest? Welche Regeln zur digitalen Kommunikation legen wir grundsätzlich fest?
- Wie digital soll unser Unterricht werden? Welche digitalen Medien möchten wir in Unterrichtsprozesse integrieren?

(2.3) Digitale Kompetenzen bei Lehrkräften und Schülerinnen und Schülern fördern

- Welche Gelegenheiten möchten wir künftig wahrnehmen, um digitale Kompetenzen anzueignen?
- Wie erziehen wir konkret unsere Schülerinnen und Schülern zu einem kritischen Medienumgang?
- Wie kann eine Überprüfung der angestrebten Kompetenzen erfolgen?
- Welche Projekte zur gemeinsamen Kompetenzförderung möchten wir umsetzen?
- Wie profitieren wir gegenseitig von dem unterschiedlichen Mediennutzungsverhalten?

Dabei ist es hilfreich, konkrete Leitziele zu formulieren.

(3) Um die Leitziele zu erreichen, bedarf es konkreter Maßnahmen, die in der *Planungsphase* formuliert werden.

Beispielhaft sollen an dieser Stelle mögliche Maßnahmen vorgestellt werden, die natürlich je nach Schulausrichtung, Möglichkeiten und Visionen individuell angepasst werden müssen.

Als grundsätzlich bewährte Maßnahmen gelten[107]:
- Sensibilisierung des Kollegiums für die Sinnhaftigkeit und Bedeutung der Thematik
- Vereinbarungen innerhalb einer Fachschaft beziehungsweise einer Jahrgangsstufe treffen
- Absprachen der Fächer untereinander, um ein Gesamtcurriculum zu schaffen
- kollegiale Hospitation / kollegiale Unterrichtsreflexionen unterstützen die Weiterentwicklung der Professionalität

Zum Thema Fake News könnten die *Maßnahmen* beispielsweise konkret lauten:
- An einem Projekttag im Schuljahr zum Thema «Digitale Kommunikation in sozialen Medien» sollen die Schülerinnen und Schüler für Fake News sensibilisiert werden. Sie nehmen an mehreren Workshops teil, um Ursache, Motivation, Verbreitungsmöglichkeiten und Wirkung kennenzulernen.
- Hinweis: Nutzen Sie Fortbildungsangebote, bei denen Referentinnen und Referenten zu Ihnen in die Schule kommen und damit viele Schülerinnen und Schüler erreicht werden können. Beispiele: Erlebe-IT, ein Projekt von Bitkom (www.erlebe-it.de); Gesellschaft für digitale Bildung (www.gfdb.de).
- Gemeinsam mit den Schülerinnen und Schülern wird ein Verhaltenskodex zur digitalen Kommunikation erarbeitet, der in allen Klassenräumen ausgehängt wird.
- Hinweis: Als Hilfestellung für jüngere Jahrgangsstufen kann dienen: www.mediennutzungsvertrag.de. Auf dieser Webseite werden zahlreiche Regeln optional vorgestellt, die von den Vertragspartnern adaptiert werden können. Der Mediennutzungsvertrag kann nach Fertigstellung gespeichert und ausgedruckt werden.
- In unteren Jahrgangsstufen werden Schülerinnen und Schüler nach einer Schulung zum «digitalen Beobachter» Zertifikate verliehen. In einem abgestimmten Zeitrahmen sollen sie auffällige Kommunikationsmuster und Nachrichten sam-

meln, die ihnen grundsätzlich im Alltag begegnen und die im Anschluss gemeinsam mit der Klassengemeinschaft vor dem Hintergrund des Verhaltenskodex hin untersucht werden.

- Die Fachschaften wählen qualitativ hochwertige Tutorials aus, die bei Youtube angeboten werden, und setzen diese künftig regelmäßig im Unterricht ein.
  Hinweis: Mit über 600 000 Followern ist «Wissen2go» eine sehr beliebte und erfolgreiche Plattform. In etwa 20-minütigen Videos erklärt Mr. Wissen2go Mirko Drotschmann (*1986) historische und politische Sachverhalte so anschaulich, dass er pro Beitrag bis zu 15 000 Likes erhält. Zugleich nimmt er durchaus relevante Themen aus aktuellen Lehrplänen («Lebensborn», «Die Geschichte der Atombombe» etc.) auf.

In den Blick genommen werden sollten unbedingt auch Maßnahmen, die die Eltern der Schülerinnen und Schüler einbinden. Denn die Mediennutzung wird maßgeblich auch in den Elternhäusern mitgesteuert. Wenn Schülerinnen und Schüler zuhause im Netz surfen können, wie sie wollen, und keine Anleitung zu einer angemessenen Mediennutzung erhalten, ist es nahezu unmöglich, in der Schule dagegen anzusteuern und pädagogische Maßnahmen durchzusetzen.

Eine weitere Maßnahme könnte also lauten:

- Auf dem Weg zu einer digitalen Schule produzieren Lehrkräfte gemeinsam mit Schülerinnen und Schülern monatlich Tutorials, denen Eltern folgen können, und stellen diese online. Darin werden pädagogische Maßnahmen in der Schule vorgestellt, Hinweise zum allgemeinen Mediennutzungsverhalten gegeben, Nachrichten erläutert und Ähnliches.

Motivation dieser Filme ist dabei nicht, die Eltern zu belehren, sondern bezüglich der schulischen Medienbildung an einem Strang zu ziehen.

(4) Evaluationsphase

Nach einem zuvor festgelegten Zeitraum wird das hier beispielhaft vorgestellte Projekt «Die digitale Schule macht sich auf den Weg» hinsichtlich seines Erfolges evaluiert. Dabei wird untersucht, ob die festgelegten Leitziele erreicht und die Maßnahmen erfolgreich umgesetzt worden sind. Die Evaluation kann bei größer angelegten Projekten extern, ansonsten auch intern erfolgen.

Insbesondere kann in diesem Zusammenhang untersucht werden, wie stark Schülerinnen und Schüler für Themen wie Fake News nach dem Schulentwicklungszeitraum sensibilisiert sind. Da das Thema grundsätzlich unter den kritischen Medienkonsum fällt, kann die inhaltliche Bandbreite entsprechend erweitert werden.

(5) Künftige Ausrichtung

Nach der Evaluation sollten sich Schulleitung und Kollegium darüber verständigen, welche Maßnahmen erfolgreich und welche weniger erfolgreich waren, welche in der künftigen Schulausrichtung verstetigt werden sollen und welche bereits zum gewünschten Lernerfolg beigetragen haben.

In jedem Falle aber gilt: Digitale Kompetenzen fallen nicht vom Himmel. Und: Sie sind nicht gleichzusetzen mit hohem Medienkonsum.

Schulunabhängig:

Über die Maßnahmen einer kollegialen Reflexion, von Fortbildungsmöglichkeiten in der Schule und gegebenenfalls Schulentwicklungsprozessen gibt es für jede einzelne Lehrkraft weitere Möglichkeiten, sich der Thematik zu widmen.

Egal, ob analog oder digital: Suchen Sie den Austausch mit Kolleginnen und Kollegen! Es gibt Schulen, die sogar schon Preise für die digitale Schulausrichtung erhalten haben und von deren Erfahrungen Sie profitieren können.

Zudem gibt es im zunehmenden Maße Online-Fortbildungen, die zeitökonomisch und unter Verwendung digitaler Möglichkeiten anschaulich und informativ über aktuelle Themen aufklären. Ein Beispiel ist der Online Campus der Virtuellen Pädagogischen Hochschule in Österreich, der natürlich auch aus Deutschland und der Schweiz erreichbar ist (www.virtuelle-ph.at).

Länderübergreifend:
Digitale Medien bieten hervorragende Möglichkeiten für den internationalen Austausch. Die Kommunikationswege sind kurz und rasch hergestellt, sofern die technische Grundausstattung gegeben ist. Welche Bedeutung hat das Phänomen «Fake News» in anderen Ländern, wie gehen seriöse Nachrichtenseiten mit dem Phänomen um und wie werden Fake News von Schülerinnen und Schülern anderer Nationen wahrgenommen? Gemeinsame Projekte – via Skype, Blogs, Podcasts – fördern nicht nur die interkulturelle Kommunikation, sondern eröffnen den Schülerinnen und Schülern auch Möglichkeiten des Perspektivwechsels: Welche Meinung haben US-amerikanische Schülerinnen und Schüler zum Twitter-Einsatz von US-Präsident Donald Trump? Wie wird mit Hate Speech in Schule und Unterricht in Frankreich umgegangen? Gibt es eine globale Netiquette der digitalen Kommunikation?

Da viele Schulen ohnehin bereits Kontakt zu Partnerschulen im Ausland pflegen, können diese für einen angeleiteten inhaltlichen Austausch über digitale Kommunikationsplattformen entsprechend genutzt werden.

Lernkonzepte zur Aneignung von digital literacy

Wie können sich Lehrkräfte diejenigen Kompetenzen aneignen, die sie von ihren Schülerinnen und Schülern curricular bedingt erwarten und die über das fachliche Wissen hinausgehen? In diesem Zusammenhang fällt ein Stichwort, das zunächst wenig mit digitaler Bildung im Speziellen zu tun hat, an dieser Stelle aber relevant ist: Dadurch, dass jede Lehrkraft wie ohnehin jede Person außerhalb der Schule digitale Kompetenzen über formale Lernprozesse hinaus erlernen muss (anders als die Schülergeneration, die sowohl in formale Lernprozesse eingebunden ist als auch mit digitalen Medien aufwächst), spielt hier das Konzept des lebenslangen Lernens eine große Rolle.

Obwohl lebenslanges Lernen seit der Antike propagiert wird, gab es immer auch Zeitspannen, in denen das Bekenntnis zu Fort- und Weiterbildungsmaßnahmen als Wissensdefizit angesehen worden ist. Nicht wenige Lehrkräfte in den Schulen gehören einer Generation an, die mit einem völlig anderen Selbstverständnis von Ausbildung als Grundlage für die lebenslange

Ausübung des Berufes sozialisiert und groß geworden ist. So hat die OECD-Publikation «Bildung auf einen Blick» in ihrer Ausgabe 2017 herausgestellt, dass 48 Prozent der Lehrkräfte in der Sekundarstufe I älter als 50 Jahre sind[108].

Bei der Generation 50+ zeigt sich ein Mediennutzungsverhalten, das die aktuellen technischen Entwicklungen und das Konsumverhalten der Schülerinnen und Schülern noch nicht in Gänze wahrnimmt oder wahrnehmen kann. Es trifft zudem auf eine altersbedingte natürliche Skepsis gegenüber der (erneuten) Weiterbildung.

Was tun? Aus ihrem beruflichen Selbstverständnis heraus sind Lehrkräfte angehalten, Schülerinnen und Schüler auf die künftige Berufs- und Lebenswelt vorzubereiten und adäquat fortzubilden. Sich also grundsätzlich den digitalen Entwicklungen zu verschließen, ist sicherlich keine Lösung. Zugleich ist für ein gegenseitiges Verständnis auch ein Blick in die Bildungspolitik derjenigen Jahrzehnte lohnenswert, in denen die Generation 50+ groß geworden ist. Ekkehard Nuissl und Ewa Przybylska schreiben dazu in einem sehr präzisen bildungspolitischen Rückblick auf den Begriff des lebenslangen Lernens:

«In den 1960er und 1970er Jahren zeigte sich deutlicher als zuvor, dass der globale Wettbewerb vorwiegend vom Bildungsstand der Bevölkerung bestimmt wird. In Deutschland und in den USA sprach man von einem Bildungsschock (‹Bildungskatastrophe› in Deutschland, formuliert von Georg Picht 1964), nachdem es dem kommunistischen Osten gelungen war, früher als der kapitalistische Westen einen bemannten Weltraumflug zu starten. Die Geschwindigkeit, in der neues Wissen erzeugt und praktisch umgesetzt wurde, hatte sich zunehmend erhöht. Innerhalb von zehn Jahren wurde zwanzigmal mehr neues Wissen erzeugt als insgesamt in Hunderten von Jahren zuvor. Diese Beschleunigung (Akzeleration) von Wissenszuwachs beeinflusste auch stark das Arbeitsleben. Ganze Berufe verschwanden, etwa die Schriftsetzer, weil infolge der Digitalisierung eine ‹physische› Druckvorbereitung mit Bleibuchstaben entfiel. Schon lange vor dem Internet rationalisierten und veränderten neue Technologien Arbeitsplätze und betriebliche Abläufe. Immer mehr zeigte sich,

dass Erwachsene immer schneller Neues lernen mussten, um arbeitsfähig zu bleiben.»[109]

Das Konzept des lebenslangen Lernens ist also keines, das nur die heute nachwachsende Generation für die eigene Berufswelt als selbstverständlich voraussetzt. Vielmehr hat es seit den 1970er-Jahren eine zunehmende gesellschaftspolitische Bedeutung erhalten, die in den 1990er-Jahren nochmals einen Paradigmenwechsel erfuhr. Die Verantwortung für Lernprozesse wurde dem Individuum, nicht mehr staatlichen Institutionen zugeschrieben. Es wurde empirisch nachgewiesen, dass Erwachsene die größte Menge des Gelernten informell aufnehmen[110]. Das wiederum bedeutet im Umkehrschluss für die Aneignung von medienbezogenem Wissen, dass sie auch hier auf ihre eigenen Lernfähigkeiten vertrauen sollten.

Gleichwohl gibt es unter Lehrkräften einen unterschiedlich großen Antrieb zur Auseinandersetzung mit digitalen Medien. Folgende Bleistift-Metapher macht diese unterschiedlichen Motivationsgrade deutlich: Während ein sehr kleiner Anteil der Lehrkräfte, die Spitze, neue Technologien innovativ im Unterricht einsetzt und die Erfahrungen mit anderen teilt, macht ein Großteil der Lehrkräfte den Schaft des Stiftes aus. So zeigen sie eine grundsätzliche Bereitschaft zur Nutzung neuer Technologien, allerdings bedarf es einer entsprechenden Aufbereitung durch Dritte. Die Grafik verdeutlicht aber auch die «They would ...»-Mentalität und zeigt die positiven Effekte der neuen Technologien auf: Können Sie eine solche Grafik selbst herstellen, weil Sie sich entsprechende Grafikprogramme heruntergeladen und angeeignet haben? Vermutlich eher nicht. Angenommen, Ihnen würde ein Grafikprogramm vorgestellt, eingerichtet und Schritt für Schritt erklärt – Ihr Interesse, eine solche Grafik für Unterrichtsmaterialien selbst herzustellen, dürfte bereits größer sein.

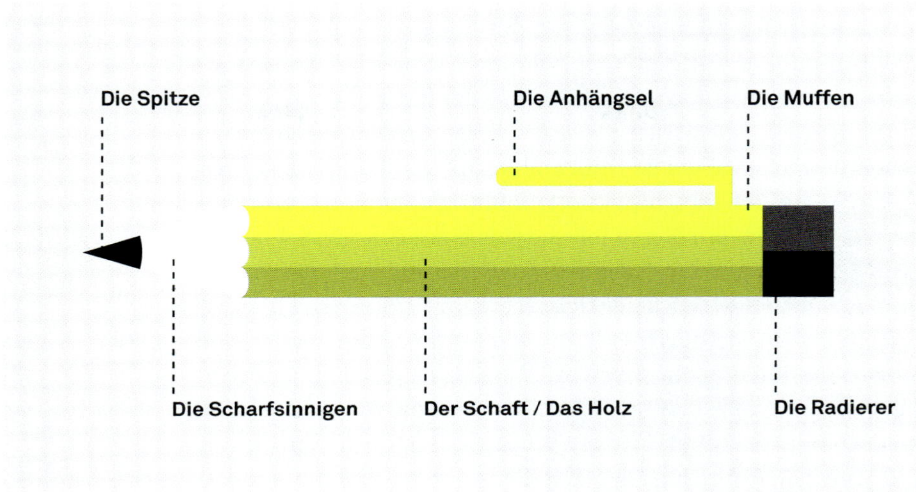

Abbildung 34: Die Bleistift-Metapher (Quelle Oer Info)

In diesem Sinne: Lassen Sie sich nicht abhängen und radieren Sie erst recht nicht aus, was an innovativen Gedanken – und mögen sie auch einmal nicht zielführend sein – in und für Schule und Unterricht entwickelt wird. Die digitale Revolution fordert nicht nur ein Umdenken, sondern auch ein Lernen und vor allem gemeinsames Entdecken mit den Kindern und Jugendlichen.

«Scharfsinnig werden!»
Im Folgenden werden ausgewählte Maßnahmen zur digitalen Kompetenzförderung – für Lehrkräfte und Schülerinnen und Schüler gleichermaßen – vorgestellt.

Quelle und Copyright: Appcamps

Das Hamburger Start-up, gegründet von Diana und Philipp Knodel, bietet unter www.appcamps.de kostenlose Unterrichtsmaterialien zu digitalen Themen, Fortbildungen und Lehrerkonferenzen an.

Dass viele Jugendliche während der Schulzeit nur wenig Berührungspunkte mit digitalen Themen haben oder die vermittelten Themen nicht zur Alltagsrealität der Jugendlichen passen, ist für die Gründer Anlass genug gewesen, ihre Kompetenzen zu bündeln: Diana Knodel ist Informatikerin, Philipp Knodel arbeitete zuvor in der internationalen Bildungsforschung. 2014 boten sie aus ihren damaligen Jobs heraus eine Summer School für zwölf Schülerinnen und Schülern zum Thema App-Entwicklung an. Das Konzept entwickelte sich zu einem Erfolgsmodell, mittlerweile haben sie durch Online- wie Offline-Angebote 25 000 Kinder und Jugendliche erreicht. Das schafft das Team zum einen durch die regelmäßige Durchführung von Workshops, zum anderen spielen Lehrkräfte an Schulen als Multiplikatorinnen und Multiplikatoren eine große Rolle.

Die Sitzungen verlaufen so, dass zu Beginn ein kurzes Startvideo in die Thematik einführt. Im Anschluss eignen sich die Teilnehmerinnen und Teilnehmer anhand von Lernkarten individuell Wissen zum Kursthema an, bevor ein Abschlussvideo die wichtigsten Ergebnisse zusammenfassend vorstellt.

Da die Unterrichtsmaterialien frei zugänglich sind, können sie nicht nur von Lehrkräften, sondern auch von Eltern, Schülerinnen und Schülern und weiteren Interessierten genutzt werden. Neben der Möglichkeit, Materialien herunterzuladen, werden Altersempfehlungen ausgesprochen und Kompetenzen benannt, die jeweils gefördert werden.

Aktuell angebotene Themen sind:

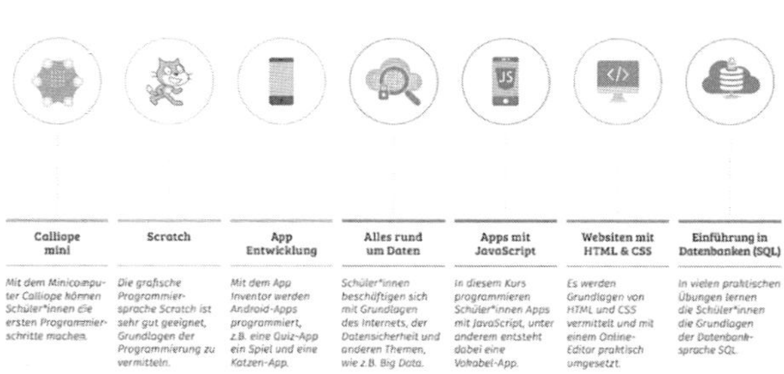

Abbildung 35: Angebot Appcamp (Quelle: Jahresbericht zum Schuljahr 2016/2017, S. 14, www.appcamps.de/wp-content/uploads/2017/11/AppCamps_2016_17.pdf)

Das Engagement wurde bereits mehrfach ausgezeichnet: 2014 mit dem Gründerpreis «Act for Impact», 2016 gewann das Team die Google Impact Challenge.

Im kommenden Projekt widmet sich AppCamps dem Thema Fake News und Social Bots. Bevor das Phänomen Fake News in dem Kurs anhand von Lernkarten erarbeitet werden kann, erstellen die Entwickler Materialien zu Social Bots. Dadurch erhalten Jugendliche die Möglichkeit, informatische Hintergründe zur Verbreitung von Fake News und zu möglichen Reichweiten praxisnah kennenzulernen. In Kooperation mit uns wird zudem ein Konzept für Online-Lehrerfortbildungen erarbeitet.

Kontakt:
www.appcamps.de | Eifflerstraße 43 | 22769 Hamburg |
philipp@appcamps.de | +40 (0) 40 22 86 57 84

Politik zum Anfassen e.V.

Quelle & Copyright: Politik zum Anfassen e.V.

Der im Jahr 2006 gegründete Verein «Politik zum Anfassen» entwickelt und plant Projekte für Jugendliche in Bereichen, «in denen Beteiligung nicht für alle Menschen selbstverständlich ist: Politik, Medien, Ausbildung, Kultur, Musik, Stadtentwicklung und mehr». Die Partizipationsagentur, wie sie sich selbst bezeichnet, ist damit Schnittstelle zwischen Schule, Politik, Kommunen und politisch Interessierten. Anfragen bei der Agentur werden nicht mit «Projekten von der Stange» beantwortet, sondern individuell und passgenau entwickelt.

Ein bereits erprobtes Projekt ist die Faktenwerkstatt, die derzeit bundesweit ermöglicht wird von der Robert-Bosch-Stiftung (www.faktenwerkstatt.de). Die Faktenwerkstatt hat Schülerinnen und Schüler zur Zielgruppe, die an zwei Tagen in ihrer Nachrichtenkompetenz gefördert werden: «Die Teilnehmerinnen und

Teilnehmer lernen, wie man Nachrichtenfilme selber macht mit dem iPad und wie man gute von fragwürdigen Quellen unterscheidet.» Hauptanliegen ist es, im postfaktischen Zeitalter der Fake News fundiert, aber eben auch mit der notwendigen Portion Spaß zu lernen, wie man kritisch mit Nachrichten umgeht, Meldungen hinterfragt, Quellen prüft und einen realistischen Eindruck von der medialen Welt erlangt.

Wie kommt Ihre Schule an ein solches (kostenfreies) Projekt?

Die Wege sind denkbar kurz: Sie melden Ihr Interesse an, im gemeinsamen Austausch werden anschließend Themen, potenzielle Unterstützungspartner, Termine und alles Weitere abgestimmt. Das verantwortliche Vereinsteam arbeitet während des Entwicklungsprozesses ganzheitlich und kümmert sich um das gesamte «Drumherum».

Wer führt das Projekt an Ihrer Schule durch?

Erfahrene Projektleiterinnen und Projektleiter werden von Freiwilligen bei «Politik zum Anfassen» unterstützt. Alle Beteiligten sind geschult und haben Erfahrungen in der Arbeit mit Kindern und Jugendlichen.

Was sagen ehemalige Teilnehmerinnen und Teilnehmer?

David, 16 Jahre, 10. Klasse: «In dem Workshop der Faktenwerkstatt setzten wir uns mit den Merkmalen von Fake News auseinander, wie man Fake News entlarven kann und selber erstellt. Ich habe das Gefühl, seitdem die Nachrichten mehr zu hinterfragen, um nicht auf mögliche Fake News hereinzufallen.»

Daniela Eickelmann, IGS Roderbruch: «Die Faktenwerkstatt ist eine kompakte, ansprechende, moderne Art der Wissensvermittlung zum Umgang mit ungesicherten Quellen aus dem Netz. Die Schülerinnen und Schüler werden altersangemessen über die Gefahren im Internet informiert und lernen, sich davor zu schützen. Mir hat vor allem die handlungsorientierte, kreative Herangehensweise gefallen, durch die die Schülerinnen und Schüler zudem als Multiplikatoren in dieser Sache für Gleichaltrige fungieren.»

Kontakt:
www.politikzumanfassen.de | Königsberger Str. 18 |
30916 Isernhagen | politik@zumanfassen.de |
+40 (0) 511 37 35 36 30

erlebeIT by Bitkom

erlebeIT ist die Schulinitiative des Branchenverbands Bitkom und setzt sich seit 2009 deutschlandweit für die Vermittlung von digitaler Kompetenz an Schulen ein. Einerseits fördert «erlebeIT» mit Trainings den kompetenten Umgang mit digitalen Medien – andererseits mit Programmier-Workshops technisches Verständnis und Spaß an der IT. Das für die Teilnehmer kostenfreie Angebot richtet sich an Schülerinnen und Schüler, Lehrkräfte und Eltern gleichermaßen und kann deutschlandweit angefragt werden.

Lehrkräfte melden ihr Interesse formlos an das Projektteam, im Anschluss wird ein Termin für einen Projekttag in der jeweiligen Schule abgemacht. Teilnehmen können Klassen ab der Jahrgangsstufe fünf. Am vereinbarten Termin kommt eine medienpädagogische Fachkraft an die Schule und führt die Workshops mit Schülerinnen und Schülern, Lehrkräften und Eltern durch.

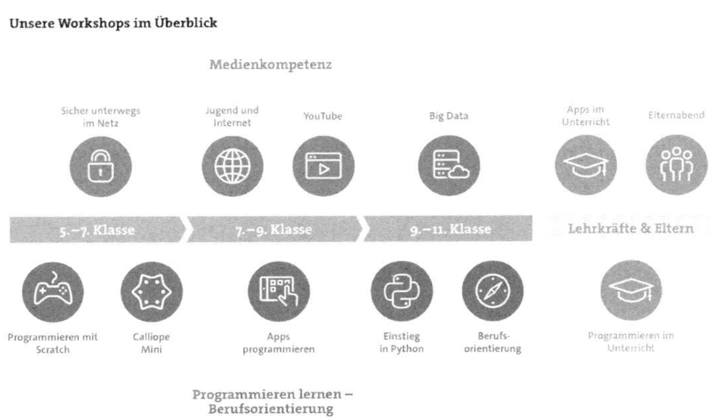

Abbildung 36: Workshop Programmieren lernen
(Quelle: Screenshot erlebeIT)

Im Workshop «Jugend und Medien» werden explizit die Themen «Fake News» und «Hate Speech» aufgegriffen. Nach einem spielerischen Einstieg zum eigenen Mediennutzungsverhalten erarbeiten sich die Schülerinnen und Schüler Expertenwissen zu einem der folgenden Themenkomplexe: Datenschutz, Urheberrecht, Informationen im Netz/Fake News und problematische Online-Kommunikation. Hierzu recherchieren sie eigenständig Informationen. Mit ihren Ergebnissen gestalten sie ein digitales oder analoges Produkt wie Kurzvideos, Blogposts oder Plakate und überlegen sich Aufgaben für ihre Mitschülerinnen und Mitschüler. Die Ergebnisse werden anschließend im Plenum präsentiert und mit den anderen diskutiert. Gemeinsam erarbeiten die Schülerinnen und Schüler dann Handlungsempfehlungen für einen sicheren, kompetenten und eigenverantwortlichen Umgang mit dem Internet und den dort verfügbaren Informationen. Der Workshop bietet sich an für die Klassenstufen 7 bis 9 und dauert etwa 270 Minuten (sechs Unterrichtsstunden).

Kontakt:
www.erlebe-it.de | Albrechtstraße 10 | 10117 Berlin |
info@erlebe-it.de | +49 (0) 30 27 57 6175

JUNGE TÜFTLER

Quelle & Copyright: JUNGE TÜFTLER

Das gemeinnützige Unternehmen JUNGE TÜFTLER ist ein mobiler Lernort mit festen Standorten in Berlin und Düsseldorf, der Kindern, Multiplikatorinnen und Multiplikatoren einen einfachen Einstieg ins Thema «Digitalisierung» bietet. Tüfteln ist dabei die grundlegende Einstellung: Lernen durch Begreifen und den Dingen spielerisch auf den Grund gehen. Hierbei werden neben technischen Problemstellungen auch soziale und ethische Fragen angesprochen, wodurch die Teilnehmerinnen und Teilnehmer für die komplexen Beziehungen zwischen Mensch und Maschine sensibilisiert werden. Das Angebot von JUNGE TÜFTLER für Schulen reicht von Coachings über regelmäßige Kurse bis hin zu Projekttagen.

Die Coachings finden sowohl an festen Terminen ortsgebunden in Berlin sowie in Kooperation mit der Vodafone Stiftung in Düsseldorf statt oder können individuell und ortsungebunden vereinbart werden. In den vier- bis sechsstündigen Schulungen erhalten Lehrkräfte Anregungen und Ideen, wie sie unter Berücksichtigung der Rahmenlehrpläne kreativ Programmierung im Unterricht einbinden und digitale Kompetenzen fördern können. In den regelmäßigen Kursen werden an außerschulischen Lernorten gemeinsam Herausforderungen des digitalen Zeitalters gemeistert, lösungsorientierte Projektarbeiten durchgeführt und digitale Kollaborationsmöglichkeiten aufgezeigt. Ganzjährig können Projekttage für Schülerinnen und Schüler der Jahrgangsstufen 1 bis 9 angefragt werden, bei denen an interessierten Schulen Lerninhalte wie Grundlagen der Programmierung und Elektronik, der Umgang mit Open-Source-Programmiertools sowie die Einführung in den Innovations- und Designprozess vermittelt werden.

Auf diese Weise bekommen die Schülerinnen und Schüler nicht nur einen einfachen Zugang zu den genannten Themen, die spielerische Herangehensweise schult gleichzeitig auch wichtige Metakompetenzen des 21. Jahrhunderts: Kreativität und Selbstständigkeit werden beim Tüfteln ebenso wie Kommunikationsbereitschaft ausgebildet.

Angelehnt an den Lehrplan der praktischen Philosophie in NRW findet im Rahmen des Projektes Coding for Tomorrow (coding-for-tomorrow.de) ein regelmäßiges Kursangebot im HUB für digitale Bildung der Vodafone Stiftung in Düsseldorf statt. Das Angebot setzt sich mit der Frage nach Wahrheit, Wirklichkeit und Medien auseinander und schließt somit auch Falschmeldungen in Medien, sozialen Medien und dem Internet mit ein. Die Schülerinnen und Schüler der 5. Klasse analysieren dabei unter anderem die Charakteristika von Fake News und betten ihre Erkenntnisse bei der Erstellung eigener Fake News ein. Durch das Produzieren eigener Fake News erhalten die Schülerinnen und Schüler ein tieferes Verständnis von den verschwimmenden Grenzen zwischen wahren und falschen Informationen. Virtuelle Realitäten entstehen mit Cospaces.io (Cospaces.io) und verdeutlichen den Schülerinnen und Schülern die Immersionskraft von Medien, da eine Unterscheidung von Fiktion und Realität zunehmend schwerer wird.

Die eigenständige Herstellung von Prototypen ermöglicht eine Symbiose aus technischem Verständnis, kreativer Ideenumsetzung und der Entwicklung essenzieller Kompetenzbereiche.

Kontakt:
www.junge-tueftler.de | Südwestkorso 62 | 12161 Berlin |
post@junge-tueftler.de | +49 (0) 176 853 44 739

Checkliste 1:
Tipps für Lehrkräfte, sich weiterzubilden

- Studien: Halten Sie sich über das Mediennutzungsverhalten Ihrer Schülerinnen und Schülern auf dem Laufenden. Anschaulich aufbereitete Studien sind die jährlich erscheinenden Basisuntersuchungen zur Mediennutzung von Kindern und Jugendlichen: JIM-Studie (Jugend, Information, [Multi-]Media), betrifft 12- bis 19-Jährige; KIM-Studie (Kindheit, Internet, Medien), betrifft 6- bis 13-Jährige; miniKIM-Studie (Kleinkinder und Medien), betrifft 2- bis 5-Jährige: www.mpfs.de.
- Chats: Nutzen Sie Bildungschats wie #EDchatDe bei Twitter. In einem wöchentlichen Chat tauschen sich Lehrkräfte und Bildungsmenschen zu zuvor vereinbarten Thematiken rund um digitale Bildung aus: twitter.com/EDchatDE.

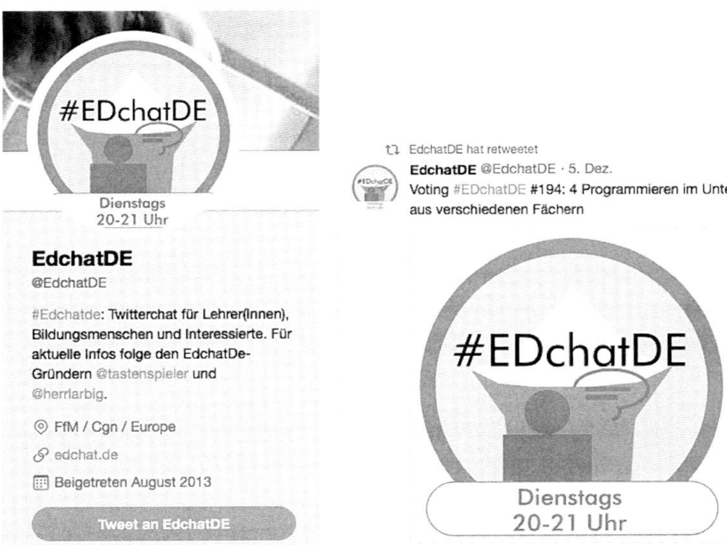

Abbildung 37: EdchatDE

Die Follower stimmen über die Themen des jeweils nächsten Chats ab.

- Kurzvideos: Die Tagesschau bietet unter dem Hashtag #fakenewserkennen Kurzvideos bspw. zu Möglichkeiten der Bildmanipulation an.
- Fortbildung: Sie kennen Twitter nicht? Nutzen Sie Fortbildungsangebote über die bekannten Netzwerke für Lehrkräfte hinaus. Start-ups, Vereine und Stiftungen bieten verstärkt konkrete wie qualitativ hochwertige Angebote digitalen Lernens für Lehrkräfte an.
  Unter fobizz.com beispielsweise erhalten Sie Online-Fortbildungen zu Themen wie «Twitter einfach erklärt», «App-Entwicklung im Unterricht» und «iPads im Unterricht – Tipps und Tricks».
  Tauchen Sie ab in die mediale Welt der Jugendlichen. Welche *Social Influencer* sind gerade auf welchen Kanälen angesagt und für welche Inhalte stehen sie? Mit welchen Inhalten beschäftigen sich die Jugendlichen?
- Offene Daten: Das Angebot an Open Educational Resources (OER) wächst! Nutzen Sie die Möglichkeiten, kostenlos und barrierefrei auf Unterrichtsmaterialien zurückgreifen zu können.
  Unter oerworldmap.org finden Sie eine digitale Weltkarte mit Informationen über Personen, Organisationen, Dienste, Projekte und Veranstaltungen, die sich weltweit mit OER beschäftigen.

Checkliste 2:
Tipps für Lehrkräfte, um Schülerinnen und Schüler zu fördern

- Alternative Suchmaschinen: Zeigen Sie Ihren Schülerinnen und Schülern alternative Suchmaschinen zu Google auf. Google speichert sämtliche Suchanfragen und legt im Hintergrund ein individuelles Nutzerprofil an, das sich auf die Ergebnisanzeige einer Suchanfrage auswirkt. Einen Überblick über andere Suchmaschinen gibt es hier: utopia.de/ratgeber/alternative-suchmaschinen-google. Für Kinder bietet sich die Suchmaschine fragFINN.de (www.fragfinn.de) an.
- Quellenprüfung: Stellen Sie beim Lesen von Texten kritische Fragen zur vorliegenden Quelle zwecks Sensibilisierung: Sind die Quellenangaben bekannt? Wer ist der Autor? Welche Sprache finden wir vor? Eine mögliche Kopiervorlage finden Sie auf Seite 80.
- Rechtslage: Klären Sie über die Rechtslage bei digitalen Interaktionen auf: Welche Urheberrechte gibt es? Welche rechtlichen Konsequenzen hat die Verbreitung von Fake News und Hate Speech? Es bietet sich an, das im Juni 2017 verabschiedete Netzwerkdurchsetzungsgesetz (NetzDG) «Transparenz und Recht im Netz – Maßnahmen gegen Hasskommentare», «Fake News» und Missbrauch von «Social Bots» im Unterricht zu thematisieren: dip21.bundestag.de/dip21/btd/18/130/1813013.pdf. Zudem gibt die Webseite irights.info zahlreiche Informationen zum Urheberrecht und zu kreativem Schaffen in der digitalen Welt.
- Werbung: Besprechen Sie die Kommerzialisierung von sozialen Netzwerken und deren Inhalte. Wo wird welche Werbung platziert? Wer verdient mit der Verbreitung von Fake News Geld? Wie werden soziale Medien für monetäre Verdienste (aus-)genutzt? Insbesondere jüngere Schülerinnen und Schüler nutzen die Medien, ohne sich ausreichend Gedanken um kommerzielle Erfolgsstrategien zu machen. Eine Orientierung erhalten Sie beispielsweise, indem Sie die Handlungsmotive von Social Influencern kritisch mit Schülerinnen und Schülern hinterfragen. Schauen Sie sich gemeinsam mit Schülerinnen und Schülern Videos der Social Influencer an

und arbeiten Sie diese nach möglichen interessengeleiteten Informationen auf.

- Sensibilisierung: Erziehen Sie Ihre Schülerinnen und Schülern zu digitaler Verantwortung, indem Sie ihnen deutlich machen, dass sie durch ihren digitalen Fußabdruck auch im realen Leben einen Ruf zu verlieren haben.
- Regeln: Vereinbaren Sie eine Netiquette zum Kommunizieren in sozialen Netzwerken, um Schülerinnen und Schüler für Themen wie Fake News, Hate Speech, Mobbing, Sexting, und so weiter zu sensibilisieren: Welche Regeln sollten auf jeden Fall eingehalten werden in der digitalen Kommunikation?

Kapitel 5:
Ein Like für die digitale Kommunikation?!

Was sich in Schulen und Studium, Gesellschaft und Politik ändern muss

Die Alltagsrealität an deutschen Schulen ist zuweilen recht ernüchternd. Während große Teile des gesellschaftlichen Lebens und der Arbeitswelt längst digital geprägt sind, während Schülerinnen und Schüler – genauso wie übrigens die Lehrkräfte – ganz selbstverständlich jederzeit ein Smartphone dabei haben und in allen möglichen und unmöglichen Situationen nutzen, tun sich ausgerechnet Schulen mit der digitalen Revolution unseres Lebens ungeheuer schwer. Noch immer gelten an zahlreichen Schulen absolute Smartphone-Verbote; noch immer erscheint vielen pädagogischen Kräften die Nutzung der kleinen Taschencomputer durch die Schülerinnen und Schüler so unberechenbar und unkontrollierbar, dass sie das Handy am liebsten ganz aus allen schulpädagogischen Zusammenhängen verbannen würden.

Hinzu kommt der Mangel an pädagogisch-didaktischen Konzepten und Materialien – und an technischen Ressourcen innerhalb der Schulen. Denn selbst, wenn man als Lehrer oder Lehrerin digitales Lernen praktizieren wollte, so hapert es oft an grundlegenden Voraussetzungen. Wenn das WLAN in der Schule nicht stabil läuft und nicht in jedem Klassenraum und in ausreichender Bandbreite zur Verfügung steht, wenn kaum Zeit für Fort- und Weiterbildungen ist und diese obendrein auch gar nicht in ausreichender Zahl und Qualität angeboten werden – dann kann man schon zweifeln, ob es überhaupt gelingen kann, die Schülerinnen und Schüler ausreichend auf ein Leben in einer digital geprägten Welt vorzubereiten.

Neue Technologien setzen sich nur langsam durch. Das ist zunächst einmal nichts Schlimmes – schließlich hat Schule ja nicht die Aufgabe, jedem Techniktrend blind und orientierungslos hinterherzulaufen. Aber mittlerweile zeichnet sich schon ab, dass die Digitalisierung keine kurzlebige Mode mehr ist, sondern eher eine Revolution, die unser aller Leben bereits umgekrempelt hat und deren Ende nicht abzusehen ist. Das Schulsystem und die Lehrkräfte müssen handeln, müssen reagieren und selbst agieren, um von der gesellschaftlichen Entwicklung nicht abgekoppelt zu werden. Daraus ergeben sich Handlungsnotwendigkeiten: in pädagogischer, schulorganisatorischer, schulpolitischer und gesellschaftlicher Hinsicht.

Lars Klingbeil, SPD-Generalsekretär

«Grundsätzlich müssen tatsächlich Milliarden Euro investiert werden, um in Deutschland zunächst die Voraussetzungen zu schaffen, die einer digitalen modernen Welt entsprechen. Der Bund muss mehr Geld zur Verfügung stellen, die Länder sind in der Verantwortung, dieses mittels konkreter Maßnahmen sinnvoll zu investieren. Die Förderung digitaler Kompetenzen gehört in jedes Unterrichtsfach!

Wir wissen alle, dass viel passieren muss in Deutschland, dass Deutschland im internationalen Vergleich unbedingt aufholen muss. Wir wissen aber auch, dass Deutschland unbedingt aufholen kann: Wir haben das Know-how im Land, wir haben alle Potenziale, um innovativ zu denken und gut zu sein! Und dennoch: Beim digitalen Weg tun wir uns schwer, wir sind auf der Suche nach den richtigen Instrumenten. Es herrscht ein Umsetzungsdefizit, dem wir uns stellen (müssen).

Der Bildungsbereich ist leider massiv betroffen, die Schulen sind nur unzureichend ausgestattet. Das Thema wird ernsthaft wie intensiv diskutiert. Es gibt unterschiedlichste Ideen und Vorschläge. So ist eine Überlegung, ein eigenes Ministerium für Digitalisierung zu schaffen, weil die Thematik absolute Priorität hat. Für Schulen wurde ein eigener Digitalpakt[111] *geschlossen. Die Debatte darum ist tatsächlich im vollen Gange, wir suchen alle nach Lösungen, die zukunftstauglich sind und nicht einfach nur schnell beschlossen werden.»*

Über digitale Kompetenz wurde bereits viel diskutiert – und gerade die Debatte über den Umgang mit erlogenen, strategisch eingesetzten Informationen zeigt, wie wichtig diese Form der Medienkompetenz ist. Schulen und Lehrkräfte, die Verantwortlichen für die Curricula und nicht zuletzt die Gesellschaft müssen sich darüber verständigen, welche medialen und digitalen Kompetenzen sie zukünftigen Generationen in der Schule mitgeben wollen. Es geht dabei um nicht weniger als um den Kern des pädagogischen Auftrags, Schülerinnen und Schüler zur Teilhabe an der Gesellschaft zu ertüchtigen. Und dabei muss klar sein: Dieser Verständigungsprozess ist kein vorübergehender, sondern angesichts des kontinuierlichen Wandels des Digitalen ein permanenter und niemals endender Austausch über Sinn und Zweck von Schule und Schulbildung – eine Debatte, die es übrigens auch bisher schon gab, die in der Vergangenheit aber nicht unter so großem Zeit- und Veränderungsdruck stand, wie das heute der Fall ist.

Um das leisten zu können, müssen Schulen von den Trägern entsprechend ausgestattet werden und ***neue Lehr- und Lernmaterialien*** zum Einsatz kommen. Insbesondere der Einsatz von E-Books hat das Potenzial, den bisher oft langen zeitlichen Verzug bei curricularen Themen zu durchbrechen: So zeichnen sich E-Books vor allem dadurch aus, dass sie stets auf dem aktuellen Stand sind und laufend verbessert beziehungsweise korrigiert werden können. Interaktive Funktionen und multimediale Inhalte können die Unterrichtsgegenstände veranschaulichen. Zum Thema «Fake News» lassen sich aktuelle Beispiele aus den Medien einfügen, mit denen die Lehrkräfte weiterarbeiten können – wobei klar sein muss, dass es beim Einsatz digitaler Lehr- und Lernmittel immer auch eines zugrundeliegenden pädagogischen Konzepts bedarfs.

Jens Wiemer, Medienpädagoge

«Fake News und Hate Speech gehören mit zum ‹täglichen Brot›, da sie ja auch Erwachsene vor Probleme stellen. Zum Thema der digitalen Medien kann es nur einen Hinweis geben: Nutzen Sie diese und arbeiten Sie damit!

Entdecken Sie diese Technik gemeinsam mit ihren Schülerinnen und Schülern. Zurzeit sind Kinder und Jugendlichen oftmals allein mit dieser faszinierenden Technik und ihren Möglichkeiten. Zu denen natürlich auch die Schattenseiten gehören.

Lehrkräfte müssen keine Medienfreaks sein! Handlungen in der Welt und Informationen zu hinterfragen, kritisch zu hinterfragen, ist eine demokratische Handlung. Woher wissen wir denn, ob der Brockhaus immer Recht hat (oder hatte)? Wie Schule von morgen aussehen kann? Wir sollten wesentlich mehr mit dem Internet arbeiten, aber stets das Gefundene kritisch lesen und unsere eigenen Wissenswelten aneignen. Durch das Internet haben wir größere Möglichkeiten als zuvor, an Informationen zu kommen. Das Internet wird uns aber nie sagen, was richtig und was falsch ist.

Zum Thema Hate Speech: Hier sind wir bei den Grundprinzipien einer offenen Gesellschaft angelangt, in der die Mehrheit Integration und seit Neuestem auch Inklusion predigt. Dabei ist Hate Speech nicht nur politisch, sondern auch sprachwissenschaftlich aufzudecken. Konkret könnte hier ein Betätigungsfeld für Deutsch-Lehrkräfte liegen. Mit Kindern könnte man in Chatsimulationen auszuprobieren, wie schnell es zu Hate Speech kommen kann, und sie dahingehend sensibilisieren. Es sind Toleranzgrenzen gegenüber einer freien Meinungsäußerung zu setzen. Schulung von Counter-Speech-Strategien könnten Hilfen darstellen, um Betroffene zu unterstützen. Admins von Messenger-Klassengruppen sollten speziell geschult und dahingehend sensibilisiert werden, dass Hate Speech konsequent unterbunden wird. Hier gilt es, vertrauensvolle Menschen als Admins zu finden. Und: Diese brauchen eine adäquate Anleitung und Unterstützung durch Lehrkräfte.

Die technische Ausstattung der Schulen ist dabei das Eine – die entsprechende Aus- und Weiterbildung der Lehrkräfte das andere. Dabei geht es ausdrücklich nicht um die Frage, ob und wie schnell Lehrerinnen und Lehrer den (gefühlten) Rückstand in der digitalen Kompetenz gegenüber ihren Schülerinnen und Schülern aufholen oder zumindest auf ein erträgliches Maß reduzieren können. Dieses Rennen ist außer in Einzelfällen kaum zu gewinnen – das muss es aber auch gar nicht sein. Im Mittelpunkt stehen stattdessen die Weiterentwicklung des eigenen pädagogisch-didaktischen Handwerkszeugs und die Entlastung von nichtpädagogischen Aufgaben wie etwa der Wartung von technischen Geräten.

Entscheidend wird es dabei im Hinblick auf zukünftigen Unterricht und zukünftige Generationen von Lehrkräften sein, dass das Arbeiten mit digitalen Medien genauso wie die eigene digitale Medienkompetenz zu einem Standardelement im Rahmen des Lehramtsstudiums werden. Einzelne Universitäten experimentieren damit bereits, und der Blick auf ein anderes Themenfeld zeigt, dass es hier auch flächendeckende Lösungen geben kann:

So ist seit einigen Jahren für alle angehenden Lehrkräfte, die ihr Studium in Nordrhein-Westfalen absolvieren, die Belegung eines Moduls ‹Deutsch als Zweitsprache› Pflicht. Damit wird sichergestellt, dass jeder zukünftige Lehrer und jede Lehrerin zumindest grundlegendes Wissen in der Vermittlung der Unterrichtssprache an Nichtmuttersprachler hat. Warum also kann es nicht auch ein Pflichtmodul zu digitalem Lernen und digitalen Kompetenzen geben?»

Ira Diethelm, Professorin für Didaktik der Informatik an der Universität Oldenburg

«Kleine Maßnahmen, anhand derer sich Lehrkräfte auf dem Laufenden halten und mit denen sie sich vernetzen können, sind sicherlich ein guter Anfang. Das Rad muss nicht von jedem Einzelnen neu erfunden werden, sondern das bestehende Netzwerk kann durchaus genutzt werden. Es gibt mittlerweile zahlreiche Tagungen und Fortbildungen zu Themen digitalen Lernens, die wahrgenommen werden können. Bei der Auswahl sollte man darauf achten, sich Konzepte aneignen zu können, nicht nur den Einsatz einzelner Tools im Fachunterricht.

Ich wünsche mir zunächst, dass alle Lehrkräfte über die gleichen Kompetenzen verfügen, die sie auch von ihren Schülerinnen und Schülern verlangen. Darüber hinaus muss das Bewusstsein geschaffen werden, dass sich auch der Lehrerberuf durch die Digitalisierung verändert hat. Lehrkräfte nutzen digitale Möglichkeiten beispielsweise bei der Verarbeitung von Schülerdaten: Es gibt Apps, in denen personenbezogene Daten wie Noten eingetragen werden können, Klassenbücher sind in der bekannten Form nicht mehr dringend notwendig und wurden an einigen Schulen durch ein digitales Format abgelöst. Wir müssen also nicht nur in der Lage sein, diese Tools zu bedienen, sondern auch über deren Hintergründe Bescheid wissen: Entsprechen die Apps den Datenschutzanforderungen? Mit welchen Verschlüsselungssystemen kann man arbeiten? Auf welchen Servern werden die Daten abgelegt? Das sind Fragen, die eine große juristische Entfaltungskraft haben können.

Künftige Lehrkräfte sollten sich möglichst früh auch mit solchen Fragestellungen und nicht nur mit der der eigentlichen Anwendung von Tools beschäftigen, da sie über die Dienstjahre hinweg über eine sehr große Menge sensibler, personenbezogener Daten verfügen. Sie müssen wissen, was sie da tun und wie das funktioniert, damit sie selbst über die Nutzung in ihrer Schule oder ihren Klassen fundiert entscheiden können. Daraus leitet sich auch ein Anspruch an die Universitäten ab. Wenn die Schule digital souveräne Schülerinnen und Schüler produzieren soll, dann muss die Universität digital souveräne Lehrkräfte hervorbringen. Dafür wiederum muss jeder in der Lehrerbildung Verantwortliche über relevante digitale Kenntnisse verfügen und nicht nur die IT-Dienste, die einspringen, wenn es hakt.

Klar ist: Jeder steht heute im Rahmen seiner Mediennutzung in der ständigen Gefahr, mit Fake News in Berührung zu kommen. Solche erlogenen Nachrichten sind nicht auf digitale Medien beschränkt, und sie sind auch kein neues Phänomen – aber ihre Verbreitung und ihr potenzieller Einfluss sind durch die Digitalisierung enorm gewachsen. Darauf müssen Eltern und Lehrkräfte, Schulen und bildungspolitisch Verantwortliche reagieren.

Denn Kompetenzen im Umgang mit Informationen und Medien sind eine entscheidende Grundlage für verantwortliches Handeln in der Gesellschaft und damit konstitutierend für gelingende Partizipation der Schülerinnen und Schüler. Sie dazu in die Lage zu versetzen, ist in einer Demokratie eine der vornehmsten Aufgaben von Schule.»

Glossar

Algorithmus
Ein Algorithmus ist eine konkrete Handlungsanweisung an einen Computer, anhand derer Probleme gelöst werden. So sortieren Algorithmen bspw. die Ergebnisse bei Suchmaschinenanfragen und filtern aus unzähligen Informationen für jeden Nutzer bedarfsgerechte und individuell angepasste Ergebnisse.

Backfire-Effekt
Wenn Menschen auf Fakten, die ihrer bisherigen Position widersprechen, nicht etwa mit Einsicht reagieren, sondern stattdessen ihre Ansicht verfestigen, spricht man vom Backfire-Effekt. Die Konfrontation mit Argumenten kann damit zum Gegenteil des Angestrebten führen.

Blogging
Das mehr oder weniger regelmäßige Veröffentlichen von eigenen Inhalten im Netz. Das kann auf einer eigenen Homepage sein, auf vorinstallierten Blogs oder auch innerhalb von sozialen Netzwerken. So wird Twitter gelegentlich auch als «Mikrobloggingdienst» bezeichnet.

Digitale Revolution
Wird manchmal auch «dritte industrielle Revolution» genannt und bezeichnet den Umbruch, der durch die Entwicklung von Computern und die digitale Verarbeitungsmöglichkeit von Daten (ab den 1960er-Jahren, verstärkt dann in den 1990er-Jahren) so gut wie alle Lebensbereiche umfasst.

Digital Literacy
Die Kompetenz, Lesen und Schreiben zu können *(literacy)*, wird vor dem Hintergrund der Digitalisierung auch auf den Umgang mit digitalen Technologien übertragen. Digitale Kompetenzen werden somit als Kulturtechnik verstanden.

Filterblase | Echokammer | Echoeffekt
Algorithmen sorgen dafür, dass Internetznutzer bei Suchanfragen und sozialen Netzwerken gefilterte Informationen an-

gezeigt bekommen, die ihren Meinungen und Haltungen entsprechen und nicht mehr divers ausgerichtet sind. Sie befinden sich durch das individuelle Netzverhalten somit in ihrer eigenen «Filterblase».

Hashtag

Durch Verbindung eines Schlagworts mit einer vorangestellten Raute wird ein Thema definiert und leichter recherchierbar; diese Kombination nennt man Hashtag (etwa #MeToo).

Hate Speech

Sammelbegriff für eine in der Face-to-Face-Kommunikation nicht übliche, bei digitaler Kommunikation und vor allem in Social-Media-Kanälen aber häufig vorkommende Verrohung von Sprache. Umfasst Beleidigungen und Drohungen, die häufig justiziabel sind.

Hoax

(engl. Scherz, Schwindel) Falschmeldungen, die mit unterschiedlichen Absichten über soziale Netzwerke verbreitet werden und eine möglichst große Reichweite erzielen wollen. Eine weit verbreitete Form sind Kettenbriefe mit ausgedachten Inhalten, die der Empfänger nach dem Lesen weiterleiten soll. Die Inhalte können harmlosen wie drohenden Charakter haben.

Instant Messaging

Instant Messaging (engl. sofortige Nachrichtenübermittlung) ermöglicht Diensten wie WhatsApp eine sofortige Kommunikation zwischen Personen. Nachrichten müssen nirgends abgerufen werden, sondern erscheinen durch Internetübertragung direkt bei dem Kommunikationspartner, der ebenso schnell darauf antworten kann.

Künstliche Intelligenz

Sammelbezeichnung für Maschinen und Software, die mit Hilfe von → Algorithmen und Erfahrungswissen komplexe Situationen selbstständig bewältigen. Künstliche Intelligenz (KI, auch AI – für *artificial intelligence*) simuliert und/oder ersetzt dabei zunehmend Menschen und ihre Reaktionen.

Memes
Bezeichnung für (häufig spaßige oder ironische) Internetphänomene, die sich für kurze Zeit rasant verbreiten und dann genauso schnell wieder abflauen. Es handelt sich dabei um – oft verfremdete – Fotos, Videos, Collagen oder Texte.

Open Educational Resources (OER)
Bildungsressourcen, die ohne Zahlung von Nutzungs- und Lizenzgebühren Lehrenden und Lernenden zur Verfügung stehen. OER beinhalten Lehrpläne, Kursinhalte, Lehrbücher, Streaming-Videos, Podcasts etc.

Phishing
Der Versuch, mit Hilfe von gefälschten Mails oder Abfragen an vertrauliche Daten wie zum Beispiel Passwörter zu gelangen. Das Abfischen dieser Daten dient in aller Regel der kriminellen, missbräuchlichen Verwendung.

Produser
Zusammenziehung aus *producer* und *user*; bezeichnet Mediennutzer, die gleichzeitig auch eigene Inhalte produzieren und damit die bei klassischen Medien wie Fernsehen, Radio oder Zeitschriften übliche Trennung zwischen Produzenten und Nutzern der Inhalte aufheben.

Propaganda
Der strategische und zielgerichtete Versuch, die öffentliche Meinung und/oder politisches Handeln durch die Verbreitung von Informationen gezielt zu beeinflussen und zu manipulieren und damit das Verhalten von Einzelnen zu steuern.

Satire
Kommunikative Kunstform, die mit Hilfe von Übertreibungen (oft bis ins Absurde hinein) Kritik an bestimmten Sachverhalten oder Personen übt. Häufig wird Satire nicht als überspitzes Zerrbild wahrgenommen, sondern für eine echte Information gehalten – insbesondere dann, wenn sie so angelegt ist, dass sie nah an realen Zuständen bleibt.

Sharing

Generelle Bezeichnung für das Teilen und Weitergeben von Inhalten in der digitalen Kommunikation und in sozialen Netzwerken. Außerdem gibt es das *Liken*, wenn man seine Zustimmung signalisiert (zum Beispiel durch das Auszeichnen mit einem Herz oder einem hochgereckten Daumen).

Social Bots

Bot = Kurzform von engl. *robot*. Computerprogramme, die automatisiert und vor dem Hintergrund von Fake-Profilen in sozialen Netzwerken Meinungen verbreiten und selbstständig interagieren können, ohne dass sie als solche erkannt werden können.

Social Influencer

Personen, die über digitale Medien eine starke Präsenz bei ihren Followern haben. Daraus resultiert oftmals ein entsprechend großes Ansehen bis hin zu einer kommerziellen Einflussnahme bspw. durch Produktwerbung, für die sie bezahlt werden. Bei großen Follower-Zahlen werden die Social Influencer zu Social Media Stars im Internet.

Anmerkungen

1 Lutz M. Hagen; Claudia Seifert; Rebecca Renatus; Susan Schenk (2014): Mediennutzung und Medienkompetenzen jugendlicher Migranten in Sachsen (JuMiS). Schriftenreihe der Sächsischen Landesanstalt für privaten Rundfunk und neue Medien (SLM). Berlin.

2 Ca. ab Sendeminute 5'00". In der ZDF-Mediathek ist der Beitrag leider nicht mehr verfügbar.

3 TU Dresden (Hg.) (2016): Richtigstellung: Facebook ist laut Studie der TU Dresden für junge Sachsen NICHT das glaubwürdigste Medium [Hervorhebung im Original]. IfK Pressemitteilung vom 5. 10. 2016. Online: https://tu-dresden.de/gsw/phil/ifk/ressourcen/dateien/news/2016/PM-Richtigstellung-Ergebnisse-Jumis-Studie-161005.pdf?lang=de [22. 12. 2017].

4 Vgl. https://www.duden.de/rechtschreibung/Fake_News [22. 12. 2017].

5 Der Originalartikel von Buck und Goudsmit: Henk Buck et al. (1990): Phosphate-Methylated DNA Aimed at HIV-1 RNA Loops and Integrated DNA Inhibits Viral Infectivity. In: Science vom 13. April 1990: Vol. 10, No. 248, Nr. 4952, S. 208–212. Der Korrekturartikel: Harold Moody et al. (1990): Inhibition of HIV-1 Infectivity by Phosphate-Methylated DNA: Retraction. In: Science , Vol. 250, S. 125–126. Aufgearbeitet wurde die Affäre unter anderem in der «Nature»: John Maddox (1990): Dutch cure for AIDS is discredited. Nature, Vol. 347, S. 411 und hier: http://science.sciencemag.org/content/251/5000/1422?sid=1495ee32-90bb-472d-beac-b217c1bef3d1 [10. 12. 2017].

6 Zit. nach Armin Himmelrath: Mit Fakes zu Ruhm (1996). In: Unicum 5/1996, S. 10–14.

7 Vgl. http://theyesmen.org [2. 1. 2018] und http://yeslab.org [2. 1. 2018].

8 Vgl. https://www.youtube.com/watch?v=LiWlvBro9el [10. 12. 2017].

9 Vgl. https://www.youtube.com/watch?v=3lxlLEb-_WM [2. 1. 2018] und http://theyesmen.org/index.php/portfolio_page/dow-discovers-a-golden-skeleton [2. 1. 2018].

10 Vgl. http://theyesmen.org/index.php/portfolio_page/nyt-special-edition [2. 1. 2018] und das Making-Of-Video: https://www.youtube.com/watch?v=YoZQNgAnvqs [2. 1. 2018]. Die Initiatoren des Projekts haben außerdem auf einer eigenen Webseite viel zusätzliches (englischsprachiges) Material zur Verfügung gestellt, das sich hervorragend auch für die Verwendung im Unterricht eignet: https://visitsteve.com/made/the-ny-times-special-edition [2. 1. 2018].

11 Die bekannteste Veröffentlichung in diesem Themenfeld ist wahrscheinlich: Rolf Wilhelm Brednich (2007): Die Spinne in der Yucca-Palme. Sagenhafte Geschichten von heute. C. H. Beck, München (5. Auflage).

[12] Matthew Norman (2000): Diary. In: The Guardian vom 15. 12. 2000. Online: https://www.theguardian.com/theguardian/2000/dec/15/1 [14. 12. 2017].

[13] Vgl. http://www.spiegel.de/panorama/die-quadratur-des-kekses-die-leiche-am-schreibtisch-a-484784.html [15. 12. 2017].

[14] Hier zitiert nach: http://kraxelhuber.de/?p=44 [25. 1. 2018].

[15] http://www.ding.net/bonsaikitten/index.html [15. 1. 2018].

[16] http://www.spiegel.de/panorama/gesellschaft/jahrzehnt-des-hoaxing-unglaublich-aber-falsch-a-666310-5.html [15. 1. 2018].

[17] http://www.der-postillon.com/2018/01/dhl-nachts.html [10. 1. 2018]. Ein weiteres Beispiel für Postillon-Fake-News ist die Meldung, 20 Jahre nach der Rechtschreib-Reform werde «seid» und «seit» wegen der großen Schwierigkeiten vieler Deutscher mit der richtigen Schreibung zu «seidt» zusammengelegt. Diese wurde vom MDR ungeprüft übernommen. Vgl. hierzu http://www.spiegel.de/kultur/gesellschaft/mdr-faellt-auf-postillon-rein-aus-seid-und-seit-wird-seidt-a-1105926.html [3. 1. 2018].

[18] Vgl. dazu http://www.horizont.net/medien/nachrichten/Pofalla-die-Bahn-und-der-Postillon-Die-Geschichte-eines-Satire-Coups-118442 [3. 1. 2018].

[19] http://www.spiegel.de/kultur/gesellschaft/pofalla-meldung-postillon-satiriker-kritisiert-im-spiegel-medienbranche-a-941794.html [4. 1. 2018].

[20] Zit. nach: Hubertus Volmer (2017): Sind Fake News eher rechts als links? https://www.n-tv.de/politik/Sind-Fake-News-eher-rechts-als-links-article19513651.html [2. 1. 2018].

[21] Zur journalistischen Sicht auf die Frage, ob die Staatsbürgerschaft eines Tatverdächtigen genannt werden soll, bietet der Pressekodex weiteres Material: http://www.presserat.de/pressekodex/pressekodex [10. 1. 2018].

[22] Vgl. zu den folgenden Beispielen: Armin Himmelrath: Mit Fakes zu Ruhm (1996). In: Unicum 5/1996, S. 10–14 sowie https://www.merriam-webster.com/words-at-play/the-real-story-of-fake-news [15. 12. 2017].

[23] Zit. nach: Michael Schaub (2017): Trump's claim to have come up with the term ‹fake news› is fake news, Merriam-Webster dictionary says. In: Los Angeles Times vom 9. 10. 2017. Online: http://beta.latimes.com/books/jacketcopy/la-et-jc-fake-news-20171009-story.html [31. 12. 2017].

[24] Vgl. http://www.blog-zeitenblicke.uni-koeln.de/meinung-machen-vormoderne-fake-news [10. 1. 2018]. Dort finden sich weitere Quellenangaben.

[25] Vgl. https://www.merriam-webster.com/words-at-play/the-real-story-of-fake-news [15. 12. 2017].

26 Vgl. http://www.spiegel.de/kultur/literatur/marcel-proust-zahlte-fuer-positive-kritiken-in-zeitungen-a-1170507.html [25. 1. 2018].

27 Vgl. http://www.iva.de/iva-magazin/schule-wissen/kartoffelkaefer-ein-schaedling-mit-geschichte [10. 1. 2018].

28 Vgl. http://www.ernst-huber.de/amikaefer [10. 1. 2018].

29 Zit. nach: http://www.iva.de/sites/default/files/pdfs/kindheitserinnerungen.pdf [10. 1. 2018].

30 Filmbeitrag des MDR mit zahlreichen historischen Aufnahmen: https://www.mdr.de/investigativ/rueckblick/exakt/video-112184_zc-5a617d10_zs-8e2102dc.html [11. 1. 2018].

31 Renate Schlief-Ehrismann (1998): R wie Rufmord. In: Haus der Geschichte der Bundesrepublik Deutschland (Hg.): X für U. Bilder, die lügen. Bonn, S. 64–65.

32 Illigs Thesen finden sich auf der Seite www.fantomzeit.de [15. 12. 2017].

33 Vgl. hierzu zum Beispiel ausführlich die Zeitschrift des Verbands der Geschichtslehrer: Geschichte in Wissenschaft und Unterricht (GWU), Heft 10, 1997.

34 «Eine pseudoreligiöse Gemeinde». Interview mit Michael Borgolte. In: Der Tagesspiegel vom 29. 6. 1999.

35 https://www.stern.de/panorama/video/ins-netz-gegangen/autowelt/gokart-gruppe-md40-wird-am-berghang-in-zuerich-geblitzt-6861266.html [8. 1. 2018].

36 https://www.youtube.com/watch?v=Rpy9JEvHA-w [8. 1. 2018].

37 Zit. nach https://www.tagesanzeiger.ch/zuerich/stadt/Die-Gokart-Gang-ist-eine-Faelschung/story/24247571 [8. 1. 2018].

38 Vgl. http://www.zeit.de/politik/ausland/2016-01/russland-propaganda-entfuehrung-maedchen-berlin [15. 12. 2017].

39 Vgl. https://twitter.com/schmarsten/status/946346053124722693 [5. 1. 2018].

40 https://deutsch.rt.com/newsticker/47181-russland-entwickelt-heilmittel-alle-krebsarten [5. 1. 2018].

41 Heinrich Zankl (2003): Fälscher, Schwindler, Scharlatane: Betrug in Forschung und Wissenschaft. Weinheim, Wiley-VCH.

42 Vgl. H. C. Schumacher (1823): Astronomische Nachrichten, Altona: Hammerich und Heineking'sche Buchdruckerei, S. 12. Online: https://books.google.de/books?id=vuY2AQAAMAAJ&pg [2. 1. 2018]; vgl. auch J. G. Galle (1894): Verzeichnis der Elemente der bisher berechneten Cometenbahnen, nebst Anmerkungen und Literaturnachweisen. Leipzig: Verlage Wilhelm Engelmann. Online: https://archive.org/details/verzeichnissder01gallgoog [2. 1. 2018].

[43] Vgl. hierzu: Marco Finetti/Armin Himmelrath (1998): Der Sündenfall. Betrug und Fälschung in der Wissenschaft. Berlin, Raabe.

[44] Zitiert nach: Gregor Honsel (2017): «Wir sind alle potenzielle Verschwörungstheoretiker». In: https://www.heise.de/newsticker/meldung/Wir-alle-sind-potenzielle-Verschwoerungstheoretiker-3924883.html [12. 1. 2018].

[45] Alexander Sängerlaub (2017): «Verzerrte Realitäten. Die Wahrnehmung von ‹Fake News› im Schatten der USA und der Bundestagswahl.» Studie für die Stiftung Neue Verantwortung im Rahmen des Projekts «Measuring Fake News».

[46] http://www.ard-werbung.de/fileadmin/user_upload/media-perspektiven/pdf/2017/0517_Schultz_Jackob_Ziegele_Quiring_Schemer.pdf [2. 1. 2018].

[47] http://www.phil.uni-passau.de/fileadmin/dokumente/lehrstuehle/hohlfeld/Aktuelles/Wahrnehmung_von_Fake_News_und_Einfluss_auf_die_Meinungsbild.pdf [3. 1. 2018].

[48] http://www.tnsglobal.be/fake_news_trust_mainstream_news_brands [3. 1. 2018].

[49] forsa Politik- und Sozialforschung GmbH: Auswirkungen der zunehmenden Digitalisierung auf die deutsche Sprache, 28. November 2014, S. 4. Online: https://www.wissenschaftsjahr.de/2014/fileadmin/content/Presse___Downloads/Umfrageergebnisse_Auswirkungen_der_Digitalisierung_auf_die_deutsche_Sprache.pdf [29. 1. 2018].

[50] ARD/ZDF (Hg.): Onlinestudie 2017. Kern-Ergebnisse, 11. Oktober 2017, S. 3. Online http://www.ard-zdf-onlinestudie.de/files/2017/Artikel/Kern-Ergebnisse_ARDZDF-Onlinestudie_2017.pdf [29. 1. 2018].

[51] Angelika Storrer (2014): Sprachverfall durch internetbasierte Kommunikation? Linguistische Erklärungsansätze – empirische Befunde. In: Andreas Witt; Albrecht Plewnia (Hg.): Sprachverfall? Dynamik – Wandel – Variation, Berlin/Boston, S. 171–196, hier S. 172.

[52] Jürgen Trabant (2009): Die Sprache, München, S. 96.

[53] Children's Online Privacy Protection Act (COOPA): Protecting Children's Privacy Under COOPA: A Survey on Compliance, April 2002, https://www.ftc.gov/sites/default/files/documents/rules/children's-online-privacy-protection-rule-coppa/coppasurvey.pdf [5. 3. 2018].

[54] Verordnung (EU) 2016/679 des Europäischen Parlaments und des Rates vom 27. April 2016 zum Schutz natürlicher Personen bei der Verarbeitung personenbezogener Daten, zum freien Datenverkehr und zur Aufhebung der Richtlinie 85/46/EG (Datenschutz-Grundverordnung). Online: https://www.datenschutz-grundverordnung.eu/grundverordnung/art-8-ds-gvo [29. 1. 2018].

[55] Nutzungsbedingungen der Snap Group Limited, gültig ab 26. September 2017, Absatz 3, https://www.snap.com/de-DE/terms [5. 3. 2018].

56 Medienpädagogischer Forschungsverbund Südwest (Hg.): JIM 2017. Jugend, Information, (Multi-)Media, Stuttgart 2017, S. 43, https://www.mpfs.de/fileadmin/files/Studien/JIM/2017/JIM_2017.pdf [5. 3. 2018].

57 Ebd., S. 44.

58 Achim Berg (Bitkom) (2017): Kinder und Jugend in der digitalen Welt, Referat, Berlin 16. Mai 2017, S. 9, https://www.bitkom.org/Presse/Presseinformation/YouTube-Stars-sind-beliebter-als-Schauspieler-und-Sportler.html [5. 3. 2018].

59 Norddeutscher Rundfunk: Novi – Nachrichten im Chatformat, 24. Januar 2017, https://www.tagesschau.de/inland/novi-103.html [5. 3. 2018].

60 Bitkom (Hg.) (2017): Von der Ente zur Fake News, S. 9 und S. 12. Online: https://de.statista.com/statistik/daten/studie/668246/umfrage/entstehung-und-zielrichtung-von-fake-news-in-deutschland [5. 3. 2018].

61 Milosz Matuschek (2016): Lob der Urteilskraft. In: NZZ vom 30. Dezember 2016, https://www.nzz.ch/meinung/kolumnen/framing-lob-der-urteilskraft-ld.137217 [5. 3. 2018].

62 Stephan Russ-Mohl (2017): Die desinformierte Gesellschaft: Ist Medienkunde die beste Prävention? 12. Oktober 2017, http://www.i-daf.org/aktuelles/aktuelles-einzelansicht/archiv/2017/10/12/artikel/die-desinformierte-gesellschaft-ist-medienkunde-die-beste-praevention.html [5. 3. 2018].

63 Kultusministerkonferenz (2016): Bildung in der digitalen Welt. Strategie der Kultusministerkonferenz, Beschluss der Kultusministerkonferenz vom 8. Dezember 2016, Berlin, S. 8. Online: https://www.kmk.org/fileadmin/Dateien/pdf/PresseUndAktuelles/2016/Bildung_digitale_Welt_Webversion.pdf [5. 3. 2018].

64 Bundesministerium der Justiz und für Verbraucherschutz (2017): Gesetz zur Verbesserung der Rechtsdurchsetzung in sozialen Netzwerken (Netzwerkdurchsetzungsgesetz – NetzDG) vom 1. September 2017. Online: https://www.gesetze-im-internet.de/netzdg/BJNR335210017.html [1. 3. 2018].

65 Deutscher Bundestag (2016): Der Umgang mit Fake-News. Rechtslage und Reformansätze, 20. Dezember 2016, S. 4, https://www.bundestag.de/blob/494418/4321d229204080dce488ebd0356b5db2/wd-10-067-16-pdf-data.pdf [1. 3. 2018].

66 Elena Witzeck (2018): Hass im Netz. Und dann hatten sie deine Adresse. In: FAZ vom 13. Januar 2018. Online: http://www.faz.net/aktuell/feuilleton/medien/hass-im-netz-und-dann-hatten-sie-seine-adresse-15393719.html [7. 3. 2018].

67 Richard Gutjahr (2018): Unter Beschuss, http://www.gutjahr.biz/#!2018/01/hatespeech [11. 1. 2018].

[68] Ann-Kathrin Mittelstraß (2018): Was Richard Gutjahr vom NetzDG fordert, Bayern 2 am 12. Januar 2018, https://www.br.de/radio/bayern2/sendungen/zuendfunk/richard-gutjahr-zum-netz-dg-100.html [5. 3. 2018].

[69] Bayerische Landeszentrale für neue Medien (Hg.) (2017): Dein Algorithmus – meine Meinung. Algorithmen und ihre Bedeutung für Meinungsbildung und Demokratie, München, S. 16.

[70] Ebd.

[71] Ebd.

[72] Silke Jäger (2017): Fake People – Den Einfluss von Bots verstehen. http://www.wissenskurator.de/fake-people-den-einfluss-von-bots-verstehen [4. 3. 2018].

[73] Juan Echeverria, Shi Zhou (2017): The «Star Wars»botnet with >350k Twitter bots, publiziert auf arXiv.org am 10. Januar 2017. Online https://arxiv.org/pdf/1701.02405v1.pdf [5. 3. 2018].

[74] Kristin Becker (2017): Fake? Egal! «Es geht um die Message», 20. Juli 2017, http://faktenfinder.tagesschau.de/inland/falsches-antifa-foto-101.html [4. 3. 2018].

[75] Alexander Sängerlaub (2017): Verzerrte Realitäten. Die Wahrnehmung von «Fake News» im Schatten der USA und der Bundestagswahl, Oktober 2017, https://www.stiftung-nv.de/sites/default/files/fake_news_im_schatten_der_usa_und_der_bundestagswahl.pdf [5. 3. 2018].

[76] Telefoninterview am 24. Januar 2018.

[77] Freiwillige Selbstkontrolle Multimedia-Dienstanbieter e.V.; Freiwillige Selbstkontrolle Fernsehen e.V.; Google Germany GmbH (Hg.) (2015): Hass in der Demokratie begegnen im Projekt «Medien in die Schule» – Materialien für den Unterricht, Berlin, S. 106.

[78] Prensky, Marc (2001): Digital Natives, Digital Immigrants, On the Horizon, Vol. 09, Issue 05, October 2001, S. 1–6, https://doi.org/10.1108/10748120110424816 [22. 2. 2018].

[79] Die Dimensionen «Partizipation», «Werte» und «Identifikation» beziehen sich auf: Gerhard Franz (2010): Digital Natives und Digital Immigrants: Social Media als Treffpunkt von zwei Generationen, Media Perspektiven 09/2010, S. 399–409, hier S. 407–408.

[80] Kirschner, Paul; De Bruyckere, Pedro (2017): The Myths of the Digital Native and the Multitasker, Teaching and Teacher Education 67, 2017, S. 135–142, hier S. 136.

[81] Microsoft (2015): Attention Spans. Consumer Insights, Microsoft Canada, S. 6, https://de.scribd.com/document/265348695/Microsoft-Attention-Spans-Research-Report [22. 1. 2018]. Die Studie wurde in kanadischen und US-amerikanischen Zeitungen aufgrund des Goldfisch-Vergleichs häufig herangezogen. Hingegen ist sie nunmehr im Internet nur noch nach intensiver Suche auffindbar. Die Dauerhaftigkeit der

Verlinkung steht infrage, weitere Aspekte der Studie werden aus diesem Grunde nicht berücksichtigt.

82 Deutsches Institut für Vertrauen und Sicherheit im Internet (Hg.) (2014): DIVSI U25-Studie: Kinder, Jugendliche und Erwachsene in der digitalen Welt, Hamburg, S. 33.

83 Safernet.at; Österreichisches Institut für angewandte Telekommunikation (2016): Jugendliche Bilderwelten im Internet, Wien. Infografik, https://www.saferinternet.at/news/news-detail/article/aktuelle-studie-zum-umgang-von-kindern-und-jugendlichen-mit-bildern-im-internet-567 [1. 3. 2018].

84 Erich Renz (2012): «Eine Gesellschaft, die so mit ihren Künstlern umgeht, ist nichts wert», 21. Februar 2012, http://www.br.de/radio/bayern2/sendungen/zuendfunk/regener_interview100.html [21. 2. 2018].

85 Bitkom (Hg.) (2017): Von der Ente zur Fake News, Berlin 1. Februar 2017, S. 16, https://www.bitkom.org/Presse/Anhaenge-an-PIs/2017/02-Februar/Bitkom-Charts-PK-Fake-News-02-02-2017.pdf [5. 3. 2018].

86 Ministerium für Schule und Bildung des Landes Nordrhein-Westfalen (2016): Schulgesetz für das Land Nordrhein-Westfalen vom 15. Februar 2005, zul. geändert durch Gesetz vom 6. Dezember 2016, Erster Teil, § 2.

87 Kultusministerkonferenz (2012): Medienbildung in der Schule. Beschluss der Kultusministerkonferenz vom 8. März 2012, S. 4. http://www.kmk.org/fileadmin/Dateien/veroeffentlichungen_beschluesse/2012/2012_03_08_Medienbildung.pdf [1. 3. 2018].

88 Ebd.

89 European Commission: Key competences for lifelong learning. European Reference Framework, https://www.erasmusplus.org.uk/file/yia-key-competences-for-lifelong-learning-european-reference-frameworkpdf [5. 2. 2018].

90 Kultusministerkonferenz (2012), a. a. o.

91 Ministerium für Schule und Weiterbildung des Landes Nordrhein-Westfalen (Hrsg.): Kernlehrplan für die Hauptschule in Nordrhein-Westfalen. Arbeitslehre Hauswirtschaft, Technik, Wirtschaft, 2013, S. 39, https://www.schulentwicklung.nrw.de/lehrplaene/lehrplannavigator-s-i/hauptschule/arbeitslehre/arbeitslehre-klp/kompetenzen/kompetenzen-und-inhaltsfelder.html [22. 2. 2018].

92 Ministerium für Schule und Weiterbildung des Landes Nordrhein-Westfalen, Kernlehrplan für den verkürzten Bildungsgang des Gymnasiums – Sekundarstufe I (G8) in Nordrhein-Westfalen, Deutsch, Frechen 2007, S. 37, https://www.schulentwicklung.nrw.de/lehrplaene/upload/lehrplaene_download/gymnasium_g8/gym8_deutsch.pdf [1. 3. 2018].

93 Ministerium für Schule und Weiterbildung des Landes Nordrhein-Westfalen (Hg.): Kernlehrplan für die Realschule in Nordrhein-Westfalen. Englisch, 2004, S. 27, https://www.schulentwicklung.nrw.de/lehrplaene/

lehrplannavigator-s-i/realschule/englisch/kernlehrplan/kompetenzen/index.html [5. 3. 2018].

94 Ministerium für Schule und Weiterbildung des Landes Nordrhein-Westfalen (Hg.): Kernlehrplan für die Sekundarstufe II Gymnasium/Gesamtschule in Nordrhein-Westfalen. Deutsch, 2014, S. 30, https://www.schulentwicklung.nrw.de/lehrplaene/lehrplannavigator-s-ii/gymnasiale-oberstufe/deutsch/deutsch-klp/kompetenzen/kompetenzen.html [5. 3. 2018].

95 Kultusministerkonferenz (2016): Bildung in der digitalen Welt, a. a. o.

96 Forschungsgruppe Lehrerbildung Digitaler Campus Bayern (2017): Kernkompetenzen von Lehrkräften für das Unterrichten in einer digitalisierten Welt. In: medien+erziehung. Zeitschrift für Medienpädagogik, 61. Jahrgang, Nr. 4, August 2017, S. 65–74.

97 Ebd., S. 70.

98 Gesellschaft für Informatik (Hg.) (2016): Dagstuhl-Erklärung: Bildung in der digitalen vernetzten Welt. Eine gemeinsame Erklärung der Teilnehmerinnen und Teilnehmer des Seminars auf Schloss Dagstuhl – Leibniz-Zentrum für Informatik GmbH, März 2016, S. 3. Online: https://gi.de/fileadmin/GI/Hauptseite/Themen/Dagstuhl-Erkla__rung_2016-03-23.pdf [5. 3. 2018].

99 Ebd., S. 2.

100 So veröffentlichte beispielsweise die Enquete-Kommission «Internet und digitale Gesellschaft» im Jahr 2010 die Pressemitteilung «Umgang mit Computer und digitalen Medien ist die Kulturtechnik des 21. Jahrhunderts» und setzte sich für eine entsprechende Medienbildung in Schulen ein. Vgl. https://www.cducsu.de/presse/pressemitteilungen/umgang-mit-computer-und-digitalen-medien-ist-die-kulturtechnik-des-21-jahrhunderts [5. 3. 2018].

101 Bitkom (Hg.) (2017): Die Deutschen sind keine Technikmuffel, Berlin 3. Juli 2017, https://www.bitkom.org/Presse/Presseinformation/Die-Deutschen-sind-keine-Technikmuffel.html [1. 3. 2018].

102 Bitkom (Hg.) (2017): Zwei Drittel befürworten digitale Schulbücher, Berlin 24. Oktober 2017. Online: https://www.bitkom.org/Presse/Presseinformation/Zwei-Drittel-befuerworten-digitale-Schulbuecher.html [1. 3. 2018].

103 Niedersächsisches Kultusministerium (2017): Kerncurriculum für die Integrierte Gesamtschule Schuljahrgänge 5–10, Deutsch, Hannover, S. 32. Online: http://db2.nibis.de/1db/cuvo/datei/20171212kcdeutschend.pdf [5. 3. 2018].

104 Niedersächsisches Kultusministerium (2015): Kerncurriculum für die Realschule Schuljahrgänge 7–10, Politik, Hannover, S. 23, http://db2.nibis.de/1db/cuvo/datei/kc_politik_rs.pdf [5. 3. 2018].

[105] Natasha Singer (2017): How Silicon Valley Plans to Conquer the Classroom. In: The New York Times vom 3. November 2017, https://www.nytimes.com/2017/11/03/technology/silicon-valley-baltimore-schools.html [1. 3. 2018].

[106] Eine hervorragende inhaltliche Arbeitsgrundlage zum Thema sprachsensible Schulentwicklung, die zugleich sehr ansprechend illustriert ist und von den Planungsschritten her adaptiert werden kann, bietet Heidi Scheinhardt-Stettner: Das Projekt «Sprachsensible Schulentwicklung». Erfahrungen und Konzepte zur Umsetzung in Schulen, 2017, http://www.sprachsensible-schulentwicklung.de/fileadmin/user_upload/Sprachsensible_Schulentwicklung/publikationen/Buch_Das-Projekt-Sprachsensible-Schulentwicklung.pdf [5. 3. 2018].

[107] Heidi Scheinhardt-Stettner: Das Projekt «Sprachsensible Schulentwicklung». Erfahrungen und Konzepte zur Umsetzung in Schulen, 2017, S. 46, http://www.sprachsensible-schulentwicklung.de/fileadmin/user_upload/Sprachsensible_Schulentwicklung/publikationen/Buch_Das-Projekt-Sprachsensible-Schulentwicklung.pdf [2. 3. 2018].

[108] Bundesministerium für Bildung und Forschung: Bildung auf einen Blick 2017. OECD-Indikatoren http://www.oecd-ilibrary.org/docserver/download/9617045e.pdf?expires=1515739034&id=id&accname=guest&checksum=440420F9460CBE50AFF320D36E08B552 [4. 3. 2018].

[109] Ekkehard Nuissl; Ewa Przybylska (2014): «Lebenslanges Lernen» – Geschichte eines bildungspolitischen Konzepts, 8. Dezember 2014, http://www.bpb.de/gesellschaft/kultur/zukunft-bildung/197495/lebenslanges-lernen?p=all [5. 3. 2018].

[110] Ebd.

[111] Ergänzender Hinweis: http://faktenfinder.tagesschau.de/digitalpakt-101.html [5. 3. 2018].